L'ÉPIGRAPHIE LATINE

ET LE

DROIT ROMAIN

PAR

P. F. GIRARD

Extrait de la *Revue internationale de l'Enseignement*
du 15 septembre 1889

PARIS

ARMAND COLIN ET Cᵉ, ÉDITEURS

1, 3, 5, RUE DE MÉZIÈRES

1889

L'ÉPIGRAPHIE LATINE

ET LE

DROIT ROMAIN

L'ÉPIGRAPHIE LATINE

ET LE

DROIT ROMAIN

PAR

P. F. GIRARD

Extrait de la *Revue internationale de l'Enseignement*
du 15 septembre 1889

PARIS

ARMAND COLIN ET Cⁱᵉ, ÉDITEURS

1, 3, 5, RUE DE MÉZIÈRES

1889

L'ÉPIGRAPHIE LATINE ET LE DROIT ROMAIN

La même prodigieuse expansion des connaissances humaines qui a de notre temps rendu les spécialisations de plus en plus inévitables a eu simultanément ce résultat de multiplier entre les sciences qu'elle sépare les zones limitrophes et les frontières communes. Il devient toujours plus malaisé d'embrasser d'un regard également familier l'ensemble des matériaux accumulés ; mais il est de plus en plus impossible de s'enfermer dans son travail isolé sans avoir conscience de la marche générale du travail collectif. C'est là un phénomène universel. Cependant il ne se fait, nulle part, sentir plus vivement que dans les études historiques qui sont la portion la moins accessible à la foule, la plus intime et la plus désintéressée de la science du droit. On pourrait indifféremment l'établir pour ces études de droit romain qui sont les plus anciennes dans nos écoles, mais auxquelles la transformation des lois positives a donné un caractère de moins en moins immédiatement pratique, pour ces études d'histoire du droit français qu'on a depuis quelques années très justement placées auprès d'elles, ou enfin pour ces études d'histoire du droit comparé qu'il faudra bien aussi quelque jour faire entrer dans le cadre d'un enseignement scientifique et complet.

A s'en tenir au seul droit romain, que de choses ne faudrait-il pas aujourd'hui savoir au romaniste complet qui voudrait pouvoir employer à ses études propres l'intégralité des instruments fournis par l'érudition moderne ! Naturellement je ne parle pas des éléments d'instruction générale sans lesquels il n'y a ni romaniste ni jurisconsulte. Il faut au romaniste connaître assez d'histoire courante pour ne pas renouveler les anachronismes légendaires des glossateurs, et, en ne sachant pas qu'il est question de la *condictio* dans le *Pro Roscio*, il serait un peu plus ridicule que les traducteurs héroïques qui ont entrepris d'entendre le plaidoyer de Cicéron sans avoir notion de la distinction des actions de bonne foi et de droit strict. J'imagine bien aussi qu'il doit savoir assez de sociologie pour ne pas croire que le régime patriarcal ait été spécial aux Romains, ni que le formalisme ait été inventé par les pontifes. Mais ce n'est pas là qu'est le problème. A côté de cela, il reste tout l'énorme domaine de l'érudition proprement dite, des sciences auxiliaires de l'histoire et de la philologie classique. C'est par des travaux paléographiques de l'ordre le plus technique que M. Studemund a renouvelé le texte de Gaius, que M. Mommsen et M. Krueger ont établi leurs éditions du Digeste et du Code; que, dans un ordre plus restreint, M. Ferrini a, semble-t-il, écarté définitivement la tradition séculaire qui attribuait au professeur Théophile la paraphrase grecque des Institutes. Or, comment juger les résultats si l'on n'a pas l'intelligence de l'instrument employé? C'est par des arguments d'ordre philologique qu'un élève de M. Studemund, M. Grupe, a pour ainsi dire prouvé matériellement entre les deux premiers livres des Institutes et les deux derniers la dualité de rédaction déjà soupçonnée par la critique aventureuse du vénérable et conjectural Huschke. C'est dans un travail de philologie sur le *Latin juridique* qu'un autre auteur qui n'est pas non plus un jurisconsulte de métier, M. Kalb, posait encore dernièrement les principes d'une nouvelle méthode, pour ainsi dire mécanique, de découverte des interpolations, fondée non plus sur des incorrections juridiques que nous ne pouvons espérer devoir qu'à des méprises des compilateurs, mais sur des anachronismes linguistiques, tirés de la grammaire et des mots, qu'il leur était impossible d'éviter dans leur travail de remaniement et de suture. Il y a déjà eu des travaux publiés dans cet ordre d'idées par des juristes de profession, l'important ouvrage de M. Gradenwitz sur les *Interpolations dans les Pandectes* et les articles de lui et de M. Eisele, sur le même sujet. Mais il est clair que cette étude extrajuridique des textes va recevoir une impulsion bien plus considérable du grand travail de dépouillement du Digeste qui est en train de s'accomplir à Berlin et qui donnera aux jurisconsultes pour les Pandectes et la littérature complémentaire une « concordance » au moins aussi précieuse que celles que les théologiens possèdent depuis longtemps pour la Bible. Faudra-t-il ignorer tout cela parce que c'est de la philologie? Faudra-t-il aussi ignorer la date certaine d'une constitution impériale, d'une loi, parce qu'elle est déterminée, à l'aide de documents numismatiques, à l'aide d'arguments appartenant à la chronologie technique? Et l'épigraphie latine, qui nous fournit, en face de la tradition incertaine de manuscrits plus ou moins interpolés et corrompus, les seuls documents dont le texte et la date soient nécessairement purs, documents sur les règles théoriques du droit, quand ils rapportent des actes législatifs, documents sur sa vie concrète elle-même, quand ils rapportent des actes privés ? Faut-il dédaigner les enseignements qu'elle fournit parce que le *Corpus* où l'on doit les chercher n'est pas le *Corpus juris* ? Et, si malaisé qu'il soit d'être au courant de tout, comment prétendre donner un sentiment raisonné sur un point quelconque sans connaître assez les procédés et les conclusions de ces diverses sciences pour être sûr qu'elles ne fournissent aucun témoignage topique contre les solutions qu'on propose ?

Il y a là une difficulté qui se manifestera toujours plus durement et qu'il faudra bien arriver à résoudre. On y parviendra, je crois, du moins pour certaines de ces disciplines, en entreprenant franchement et résolument le dépouillement méthodique des matériaux fournis aux juristes par chaque catégorie d'études spéciales, en essayant de dresser pour chacune des relevés de moins en moins imparfaits des textes et des commentaires, qui puissent faciliter les recherches postérieures en même temps que vaincre les dernières incrédulités. Je voudrais ici simplement esquisser les cadres du répertoire méthodique que l'on pourrait ainsi composer des documents fournis par l'épigraphie latine au droit romain. Afin de rendre ma démonstration plus courte et plus probante, je la bornerai au domaine dans lequel les jurisconsultes sont parfois le plus portés à contester l'utilité des documents épigraphiques, à celui du pur droit privé ; je laisserai donc de côté tout ce qui concerne les sources du droit, pour lesquelles les inscriptions nous fournissent, on le sait, des séries d'exemples uniques ; j'écarterai également l'histoire des jurisconsultes, parmi lesquels il y en a tant dont elles permettent de dater les œuvres et de reconstituer la carrière, comme par exemple ce Javolenus Priscus qu'une mauvaise pointe de Pline a fait si souvent prendre pour un homme de cabinet sédentaire et casanier et que deux inscriptions nous montrent gouvernant des provinces et commandant des armées aux extrémités de l'empire ; et j'étudierai exclusivement les textes relatifs au droit privé, sans chercher de division plus savante que la division banale et critiquable des Institutes en droit des personnes, droit des choses et droit des actions, sans élever de prétention plus haute que celle de provoquer par cet essai des travaux plus solides et plus complets (1).

<hr>

(1) Les lecteurs de la *Revue internationale* nous excuseront d'être contraint par la nature de notre sujet à entrer parfois dans des détails un peu techniques. Afin de ne pas surcharger notre travail de notes, nous n'avons en principe

I

Le droit des personnes nous met immédiatement en présence d'un système de notation qui ne peut être connu que par les monuments épigraphiques et qui précisément pour cela est presque universellement négligé par les jurisconsultes. C'est le système des noms, sur lequel, par une fortune trop rare, nous avons eu, en France même, toute une série de publications dans les dernières années : d'abord le *Droit de cité romaine* de M. Henry Michel, professeur à la Faculté de droit de Paris, qui, sauf les quarante premières pages, est tout entier consacré au système des noms romains ; ensuite le *Cours élémentaire d'épigraphie latine* de M. Cagnat, dans lequel les points essentiels sont relevés en termes concis, mais généralement très nets ; puis la thèse, également importante au point de vue littéraire et au point de vue juridique, présentée à la Faculté des lettres par M. Lemonnier, qui y étudie à propos des *Affranchis* une forte part des difficultés fondamentales de l'onomastique romaine ; puis encore les *Études d'institutions romaines* de M. Mispoulet, dans lesquelles on trouve fait, notamment au sujet de la condition des enfants naturels, un emploi intéressant des inscriptions. Quant à la littérature allemande, très abondante et très précieuse, de la matière, qu'il ne servirait à rien de cataloguer ici, on en trouvera un aperçu aux premières pages de la dernière édition des *Antiquités privées* de Marquardt ; mais il est impossible de ne pas citer, parmi les documents les plus indispensables à consulter sur le sujet, les pages maîtresses écrites avec son étonnante puissance de généralisation et sa connaissance

fait aucun renvoi aux recueils dans lesquels se trouvent les inscriptions citées. Sauf une portion de celles que nous invoquons en commençant notre premier et notre troisième paragraphes et qui ne seraient point elles-mêmes très difficiles à retrouver, elles sont à peu près toutes rassemblées dans la 5ᵉ édition des *Fontes juris Romani* de Bruns, publiée par M. Mommsen en 1887. M. Karlowa, *Rœmische Rechtsgeschichte*, Leipzig, I, 1868, pp. 425-448 ; 723-742 ; 953-959, donne, pour chaque période de l'histoire du droit romain, des tableaux des principales inscriptions juridiques, accompagnés d'observations parfois fort étendues, mais d'ordinaire exclusivement relatives à la date et à la dénomination juridique des actes. M. Krueger donne également dans sa *Geschichte der Quellen und Literatur des römischen Rechts*, Leipzig, 1888, pp. 70-76 ; 228-243 ; 294-296 ; 307-308, des indications bibliographiques sommaires, mais très complètes et très exactes. Je ne connais aucun travail méthodique sur les instruments fournis au droit privé par les inscriptions. L'étude de M. Couraud, sur l'*Épigraphie juridique*, Paris, 1878, est un discours de rentrée dans lequel les dernières pages seules traitent du droit privé. Le travail, plus étendu et fort important de M. Gatti, publié dans les *Studi e documenti*, 1868, pp. 3-23, présente quant au fond le même caractère.

unique des sources, par M. Mommsen dans les diverses parties de son *Droit public* et surtout dans la troisième, sur à peu près toutes les questions soulevées par le système des noms.

Ces questions sont les questions mêmes du droit des personnes. Le système des noms a servi à exprimer, non seulement dans leur état définitif, mais dans leurs phases transitoires, toutes les divisions et les subdivisions des personnes admises par la loi romaine. Il en reflète à la fois les diversités et les variations.

La société romaine, dont le type a d'abord été le type patriarcal le plus simple, qui ne présente d'abord guère que deux catégories de personnes, les citoyens *sui juris* et les individus sous leur puissance, s'est, conformément à la loi commune de tous les organismes vivants, progressivement différenciée et compliquée. La puissance, à l'origine uniforme, s'est diversifiée. Parmi les *alieni juris*, on a distingué, sans parler des hôtes et des clients, les personnes *in dominica potestate*, qui sont les esclaves, les personnes *in patria potestate*, qui sont les descendants, les personnes *in mancipio*, qui tiennent le milieu, et les personnes *in manu*, dont la condition est assimilée à celle des filles et qui sont les femmes mariées. D'autre part, ces rapports de puissance sont sujets à se modifier, à se substituer les uns aux autres. La *manus* n'a jamais été établie qu'à la place d'une condition antérieure, pour mettre sous la puissance de son mari une femme qui jusqu'alors était sous la puissance de son père ou *sui juris*. Une mancipation suffit pour mettre *in mancipio* une personne *in patria potestate*, et un affranchissement pour la faire revenir *in patria potestate*. L'adrogation fait un citoyen *sui juris*, un chef de famille, entrer en qualité de fils dans une famille nouvelle. Le fils, qui, dans le jeu régulier des institutions primitives, devenait bien *sui juris* par la mort du père, mais qui n'avait pas alors de procédé légal pour sortir de la puissance de ce père avant sa mort, pour sortir de sa famille en même temps que de sa puissance, peut plus tard sortir de la famille du vivant du père, soit par une adoption, pour entrer comme enfant en puissance dans une autre famille, soit par une émancipation, sans pénétrer dans aucune autre famille existante. L'esclave aussi, pour lequel il n'y avait pas autrefois plus de procédé de *manumissio* qu'il n'y avait de procédé d'émancipation pour le fils, peut, à l'époque historique, être affranchi. Et cet affranchissement peut, à son tour, selon les cas, lui donner trois conditions différentes, en faire un citoyen, un Latin, ou un pérégrin. Et il y a des procédés pour passer d'une condition dans l'autre, pour faire un citoyen sinon de l'affranchi pérégrin, au moins du Latin. Par une complication finale, il y en a même pour effacer la dernière trace de l'affranchissement par la concession d'une ingénuité fictive. Or, tout cela se répercute dans le système des noms.

A l'époque historique, en particulier dans les derniers temps de la République et au commencement de l'Empire, le citoyen romain porte généralement trois noms — un prénom, un nom et un surnom, — entre le second et le troisième desquels s'intercalent l'indication de la filiation ou de l'affranchissement et souvent celle de la tribu. La *lex Julia municipalis* prescrit, en l'an 709 de Rome, de relever dans le cens municipal *nomina civium, prænomina, patres aut patronos, tribus, cognomina*. La dénomination normale du citoyen comprend : le prénom, qui, d'après la tradition, aurait d'abord existé seul, mais qu'on ne rencontre isolé que dans un ou deux exemples épigraphiques : par exemple, *Lucius*, en abrégé *L.*; le nom de famille ou *gentilicium* que nous trouvons à sa suite dès les temps les plus reculés : *Julius* ; l'indication par un prénom du titulaire actuel ou antérieur de la puissance : *L(ucii) f(ilius), L(ucii) l(ibertus)*; l'indication de la tribu : *Fa(lerna), Pal(atina)*; enfin le *cognomen* ou surnom qui peut être en un terme ou en plusieurs : *Proculus, Florentinus, Rufinianus Ablavius Tatianus*, et que sa place à la fin du nom montre én être l'élément le moins ancien. A côté de ces cinq éléments réguliers, on peut en signaler d'autres plus accidentels, par exemple l'indication du lieu d'origine : *Mantua, Vienna, Carnunto*, par exemple le *signum* des temps récents : *Asterius, Eugenius*. Mais ce sont surtout les cinq premiers qui présentent un intérêt juridique ; encore, parmi eux, suffit-il presque que du *gentilicium* et de l'indication de puissance pour exprimer les grands traits du droit des personnes.

Selon les idées modernes, l'élément qui serait capital, ce serait le nom de famille, le gentilice. A Rome aussi il a une importance réelle. D'abord, en dépit de difficultés accessoires qui ne permettent point de tirer de là pour toutes les époques un critérium absolu, il est, dans sa forme romaine, le plus souvent terminée en *ius*, propre aux citoyens ou tout au moins aux citoyens et aux Latins. Le port en est interdit, probablement par des dispositions positives de la loi, non seulement aux esclaves, mais aux étrangers; il n'y acquièrent droit que par l'affranchissement et la naturalisation. Ainsi, on voit, dans une inscription d'Aix en Provence, le fils naturalisé d'un pérégrin nommé Acutus, romaniser à son profit le nom paternel en en faisant le gentilice Acutius. Ainsi encore on voit dans une autre inscription, où l'addition a été faite après coup sur la pierre, l'esclave impérial Mithres graver après son affranchissement, devant son nom d'esclave, le gentilice *Aurelius*.

D'un autre côté, par son mode de transmission, il exprime certaines relations de famille. Le chef de famille le transmet, peut-on dire, en principe, à toutes les personnes qu'il a sous sa puissance, sauf aux esclaves qui ne portent pas de nom de famille et sauf probablement aux personnes *in mancipio* qui conservent vraisemblablement le nom de leur père.

Il le transmet à ses enfants, adoptés ou nés en mariage, du sexe féminin comme du sexe masculin, à son fils qui s'appellera *Julius*, à sa fille qui s'appellera *Julia*; mais il le transmet en outre logiquement à sa femme *in manu* qui, étant *loco filiæ*, doit prendre son nom comme la fille prend celui de son père. Seulement cet effet de la *manus*, dont l'existence ancienne peut être défendue par des arguments sérieux, semble avoir [disparu longtemps avant elle. Des auteurs vont jusqu'à penser qu'il n'a jamais existé que pour la *manus* constituée *farreo* et qu'il aurait été effacé pour elle-même, dès un temps très reculé, afin de ne pas laisser de différence extérieure entre la *manus* ainsi créée et celle créée *usu* et *coemptione*. On ne peut même pas affirmer qu'il y ait un vestige de l'application ancienne du principe dans les exemples, assez nombreux sous l'Empire, où l'on voit la femme portant le nom de son mari ; car l'opinion dominante explique aisément cette identité du nom des époux par la supposition de mariages formés entre membres de la même *gens*. La règle a au contraire été appliquée d'une façon bien plus durable à deux catégories de personnes qui appartiennent infiniment moins étroitement à la famille : aux affranchis et aux étrangers naturalisés.

Le citoyen transmet son nom à ses affranchis : c'est une loi invariable à laquelle on a parfois trop facilement admis des exceptions, dont M. Michel a défendu le caractère absolu avec un sens juridique très ferme et contre laquelle l'objection d'apparence la plus embarrassante était un passage de Cicéron que M. Mommsen vient d'écarter d'un mot dans une note de son chapitre des Affranchis. L'affranchi de Julius s'appelle *Julius*, comme celui d'Aurelius *Aurelius*, comme l'affranchi du peuple *Publicius*, celui de la ville de Venafrum *Venafranius*, celui du corps des *accensi velati Velatius* et celui du collège des *centonarii Centonarius*.

Enfin, sans doute par une survivance de l'époque anté-épigraphique, où les étrangers naturalisés tombaient en clientèle comme les affranchis, ces naturalisés prennent encore, à l'époque historique, quoique avec une généralité et une nécessité beaucoup moins absolues, le nom de la personne qui a le plus contribué à leur naturalisation et qui jadis les aurait eus sous son patronat. C'est ainsi qu'au vi^e siècle, l'Africain Muttones ou Omottones prend le nom de Valerius après avoir été naturalisé à l'instigation du consul M. Valerius Lævinus. C'est ainsi que s'expliquent ces multitudes de *Claudii*, de *Flavii*, d'*Ælii* qui encombrent les inscriptions provinciales au temps des concessions en masse du droit de cité faites par les empereurs de ces familles. Et l'usage ne s'est effacé que par contre-coup de ces concessions elles-mêmes, qui ont forcé à remplacer le gentilice impérial, commun à des cités et à des provinces tout entières, par des gentilices plus individuels, tels que celui formé par Acutius avec le nom de son père.

Mais le nom de famille, qui ne distingue pas sûrement les citoyens, ne se transmet pas à toutes les personnes en puissance. La transmission n'a duré que très peu de temps pour les femmes. Elle est étrangère aux esclaves. Il y a un élément du nom, le plus instructif au point de vué juridique, qui présente un tout autre caractère de généralité et qui a ce deuxième avantage d'exprimer dans son évolution, à la fois l'unité première et la différenciation progressive des diverses autorités familiales. C'est l'indication de la puissance.

Pour l'esclave dont c'est primitivement tout le nom, pour l'affranchi, pour le fils, pour la femme *in manu*, la puissance à laquelle ils sont soumis est d'abord uniformément exprimée par le nom de son titulaire au génitif de propriété, et, de même que la distinction entre les diverses puissances ne s'est dessinée que progressivement, ce n'est que progressivement que ce génitif uniforme a été spécialisé par l'addition d'un sujet qui greffe sur l'idée commune de puissance les idées particulières de puissance paternelle, de puissance dominicale, de patronat, de *manus*. Pour tous, esclave, client, dont l'affranchi est le seul type épigraphique, fils, femme *in manu*, la formule fut sans doute originairement la même : l'addition sans autre forme du prénom du *pater familias* au génitif: *L(ucii)*. C'est, si l'on veut, en dépit d'une nuance, le cas pour l'esclave, dont le nom primitif est exclusivement composé de cette indication de puissance suivie de la forme archaïque du mot *puer* : *Marcipor, Quintipor, Lucipor*, dans la désignation duquel on remplaça plus tard *puer* par *s(ervus)* en ajoutant son nom courant et le nom de famille du maître, comme dans l'inscription de l'an 707 de Rome : *Philodamus Volusi, C. s.*, mais pour lequel cependant on rencontre toujours une certaine spécification. C'est encore bien plus clairement et plus durablement vrai pour la puissance paternelle et pour la *manus*. Une

pierre du v⁰ siècle du territoire des Falerni montre encore la
filiation indiquée pour le fils par le seul prénom du père au génitif.
Quant aux femmes, l'usage s'est maintenu jusque sous l'Empire
où il est encore attesté par des inscriptions de l'an 168 et de l'an
171, où il a subsisté surtout dans les grandes familles et où la
relation de sa persistance avec celle de la *manus* pourrait certainement faire l'objet d'un travail juridique instructif.

Plus tard, la différence s'est marquée. Comme pour l'esclave,
on a fini par spécifier la puissance pour la femme, pour le fils,
pour l'affranchi. La femme, si elle continue parfois à se quali-
fier d'*Orcevia Numeri*, de *Livia Drusi*, est appelée aussi d'autres
fois, doit être logiquement appelée, quand le mariage est un
mariage sans *manus* où l'idée de propriété exprimée par le génitif tout court serait un non-sens, *Cæcilia, L. Julii uxor*. Le fils
est bien plus universellement et bien plus vite appelé *L(ucii)*
f(ilius). L'affranchi enfin indique également que le droit qui
existe sur lui est un droit de patronat. Mais pour lui il faut relever un phénomène frappant qui nous fait assister à l'évolution
lente selon laquelle ont été reconnus les effets de l'affranchissement. Pendant longtemps l'affranchi a continué, même après l'affranchissement, à être appelé *L(ucii) s(ervus)*. La preuve, d'ailleurs
restée inaperçue, s'en trouvait dans le passage de la loi Cincia de
550, rapporté aux Fragments du Vatican, § 307, qui défend aux
maîtres de recevoir des donations *a servis*, c'est-à-dire non pas de
leurs esclaves qui sont incapables d'avoir des biens propres et qui
acquièrent nécessairement pour le compte de leurs maîtres à
qui ils n'ont rien à donner, mais de leurs ex-esclaves, de leurs
affranchis. Elle est en outre fournie par une suite d'inscriptions
réunies par M. Mommsen, qui, pour le Samnium, où l'usage a dû
persister plus longtemps, descendent jusqu'au vii⁰ siècle et dans
lesquelles des ouvriers, qui ont un *gentilicium* et qui sont donc
des hommes libres, continuent à être appelés *C(ai) s(ervus), T(iti)*
s(ervus), etc. C'est seulement ensuite qu'ils sont devenus les *liberti*
de la formule courante : *L(ucii) l(ibertus)* et que le classement a
pris sa forme définitive.

Ces indications suffisent à faire comprendre comment le système des noms arrive à distinguer l'esclave : *Lucipor*, plus tard :
Philodamus Julii, L(ucii) s(ervus), plus tard encore même : *Philo-*
damus L(ucii) Julii Italici s(ervus), et l'homme libre : *L. Julius, Itali-*
cus ; l'ingénu : *L(ucii) f(ilius)* et l'affranchi : *L(ucii) s(ervus)*, plus
tard : *L(ucii) l(ibertus)* ; la fille : *Julia L(ucii) f(ilia)* et la femme *in*
manu qui, si elle est d'une *gens* différente, aura un *gentilicium*

différent : *Cæcilia L(ucii)*, *Cæcilia L(ucii) Julii*, qui, fût-elle de la même *gens* que le mari, s'appellera *Julia L(ucii)* sans sujet ou *Julia L(ucii) uxor*. — Nous ne voulons pas insister ici sur les autres éléments du nom qui ont surtout une portée politique : la tribu qui est le signe matériel du droit de cité, qui en marque même la qualité selon qu'elle est rustique ou urbaine; le prénom romain, choisi dans une liste légalement arrêtée, qui, selon l'opinion la meilleure, fut d'abord propre aux patriciens pour être ensuite usurpé par les plébéiens et finalement rejeté par les patriciens comme trop vulgaire, mais qui, comme le *gentilicium*, n'appartient qu'aux citoyens et par conséquent est pris par l'étranger après la naturalisation et par l'esclave après l'affranchissement — le fils du pérégrin Acutus s'appelle *Sex(tus) Acutius* et, si nous possédions l'inscription complète de l'affranchi Aurelius Mithres, nous y trouverions sûrement le prénom ajouté comme le nom; — le surnom enfin, dont l'évolution ne fut pas très différente, qui, sous l'Empire, appartient à tout le monde après avoir été, sous sa forme aristocratique, réservé au patriciat ou tout au moins à la noblesse républicaine des magistratures et avoir été transitoirement imposé sous sa forme vulgaire aux affranchis pour les séparer des plébéiens ingénus. Mais il nous faut encore montrer comment, après les grandes lignes, le système des noms sert à marquer entre les personnes les divisions secondaires.

Les esclaves qui, avons-nous vu, portaient originairement un nom unique fait du prénom du maître : *Lucipor*, qui plus tard sont désignés normalement de noms tels que *Philodamus Julii*, *L(ucii) s(ervus)*, ne sont pas eux-mêmes tous d'égale condition. Il y a parmi eux les esclaves du peuple romain dont tous les jurisconsultes savent qu'ils ont le droit de tester sur la moitié de leur pécule, qui jouissent encore d'autres privilèges. Leur condition supérieure s'exprime dans leur dénomination. Ils portent généralement non pas un nom mais deux : *Successus publicus Valerianus*. *Alcimiades publicus Minicianus*, *Bithus publicus Paullianus*. Et, de même qu'il y a des esclaves impériaux, des esclaves de grande maison, des esclaves municipaux, dont la condition se rapproche en fait de celle des esclaves publics, on rencontre aussi chez eux des exemples épars de l'usurpation du second nom.

L'affranchi prend le gentilice de son ancien maître et même, au moins sous l'Empire, son prénom : *L(ucius) Julius*. Il prend un surnom différent des surnoms bien portés : *Philodamus Philargurus*, *Hermias*, à côté duquel on lui permet seulement quelquefois, dans des conditions mal connues, d'en mettre un second plus aristocratique : *Philargurus Labeo, Hermias Naso*. Il indique ses liens de patronat : *L(ucii) s(ervus)* anciennement, plus tard *L(ucii) l(ibertus)*. Il prend une tribu urbaine : *Pal(atina)*, jusque sous l'Empire, où M. Mommsen vient de démontrer que les affranchis ont été, par une mesure générale, dépouillés de la tribu. Mais ces règles sont faites pour les affranchis citoyens. A côté d'eux des lois spéciales ont mis les affranchis Latins Juniens et les affranchis déditices. Les Latins Juniens ont, comme il résulte notamment des lettres de Pline, les trois noms : *C. Valerius Astraeus*. En revanche, ils n'ont pas la tribu, ce qui les distingue bien des citoyens en général, mais par malheur beaucoup moins parfaitement des affranchis citoyens, auxquels la tribu fut enlevée à une époque très voisine de l'établissement de la latinité junienne. Quant aux déditices, ils se reconnaissent forcément, quoique le contraire ait été soutenu par M. Lemonnier, aux formes pérégrines de leur nom, en vertu de la règle qui défend aux pérégrins de porter un nom de forme latine. De plus, puisque leur condition n'est pas susceptible de s'améliorer, l'infériorité traduite par leur nom est nécessairement immuable. Il en est autrement des affranchis citoyens et latins. Leur condition peut changer, et par suite aussi leur nom. Le Latin Junien devient citoyen en servant un certain temps dans le corps des vigiles, et même il acquiert alors une tribu rustique, mais d'ailleurs il reste affranchi. Les inscriptions nous le montrent en pareil cas ajoutant à son nom cette tribu rustique, sans effacer la mention du patronat. Si au contraire, comme ce fut probablement requis depuis Vespasien pour servir dans la flotte, l'affranchi latin recevait, sans la cité, la concession d'une ingénuité fictive, elle s'exprimait dans son nom par l'effacement de la mention du patronat, que généralement d'ailleurs on effaçait sans rien mettre à la place, et dont l'absence même restait donc un vestige de la condition antérieure. Au premier cas, il y a concession de la cité sans l'ingénuité, au second, concession de l'ingénuité sans la cité, et dans l'un comme dans l'autre, le nom traduit fidèlement à la fois le progrès et ses bornes. L'acquisition du *jus aureorum anulorum* dans la première période du Principat et la *restitutio natalium* dans la seconde font au contraire à la fois un ingénu et un citoyen. Il ne reste alors aucune trace du passé dans le nom rendu systématiquement semblable à celui du citoyen né libre. Quand on peut accidentellement restituer la véritable biographie d'affranchis ainsi déguisés en ingénus comme l'a fait par exemple M. Hirschfeld pour l'affranchi impérial M. Aurelius Veranius, fils d'Ælius Terpsilaus, c'est à l'aide de renseignements indépendants ; le nom, expression légale de la personnalité, est muet sur des faits effacés légalement. Ce n'est que depuis Commode, quand la concession des anneaux d'or n'entraîne plus l'acquisition de l'ingénuité complète et que la *restitutio natalium* seule supprime les liens de patronat, que le nom, miroir fidèle de la réalité, exprime, au premier cas, à la fois le relèvement politique de la personne et son infériorité privée, comme pour le [*L.*] *Marius L. lib. Doryphorus anulos aureos consecutus a divo Commodo* d'une inscription de la ville de Rome.

Chez les ingénus eux-mêmes, il y a une catégorie d'enfants pour lesquels la mention de la puissance soulève une difficulté spéciale. Ce sont les enfants nés hors mariage. Ils prennent le nom de famille de leur mère, prouvent les inscriptions qui, soit dit en passant, le prouvent seules. Mais ils ne peuvent indiquer aucun homme dont ils soient les affranchis, puisqu'ils sont nés libres, ni les enfants, puisqu'ils n'ont pas de père légal. Ils s'en tirent par une sorte de jeu de mots épigraphique, en se désignant par la mention *sp. f.* qui, comme l'attestent certains exemples précis, veut dire là *sp(urius) f(ilius)*, mais qu'on peut lire par politesse *Sp(urii) f(ilius)* en leur attribuant un père qui porterait le prénom inusité de Spurius. Et ces deux règles, celle sur l'indication de la filiation et celle sur la transmission du nom de la mère, viennent, ainsi que l'a fort bien vu M. Mispoulet, jeter un argument nouveau dans une controverse connue, dans la controverse sur la nature du concubinat. Si le concubinat est un mariage inférieur, liant le père à l'enfant, l'enfant doit prendre le gentilice du père, et indiquer le prénom de ce père dans sa filiation ; or, quoique les textes invoqués par M. Mispoulet ne soient pas tous certains, il semble bien que l'enfant né du concubinat, tout comme les enfants naturels ordinaires, se qualifie de *sp. f.* et prend le gentilice de sa mère. Si cela est, c'est aussi que sa filiation n'est pas traitée d'une façon différente de celle des autres enfants naturels, que, pas plus qu'eux, il n'a de père certain.

Parmi les enfants légitimes il y en a qui ont été procréés en justes noces et qui sont toujours restés dans leur famille d'origine, où ils portent correctement, avec un prénom et un surnom plus ou moins héréditaire, le même gentilice que leur père et, dans leur filiation, la mention de son prénom. Mais il y en a qui sont entrés dans la famille par adrogation ou adoption, il y en a qui en sont sortis par émancipation. Ces variations d'état doivent se refléter dans le nom. Sur l'émancipation les inscriptions ne nous apprennent rien, soit par suite de la rareté générale des témoignages sur cet acte juridique très justement signalée il y a quelques années par M. Pernice, soit surtout parce que l'individu placé *in mancipio* ne changeait probablement pas plus de nom que de condition politique, et que par conséquent, après les trois mancipations et les trois affranchissements, l'émancipé se trouvait avoir exactement le même nom qu'avant. Sur l'adoption, nous sommes sensiblement mieux informés. L'adopté et l'adrogé, qui restent liés à leur famille d'origine par un lien naturel de cognation de plus en plus extra-juridique à mesure qu'on remonte dans le passé, entrent, en qualité de fils, sous la puissance de l'adoptant, de la famille civile duquel ils font désormais partie. Ils empruntent donc leur nom, leur filiation, peut-être leur prénom au titulaire de la *patria potestas* nouvelle, tandis que le souvenir de la cognation se réfugie dans la portion la plus récente du nom, dans celle qui se place après la filiation et la tribu, dans le *cognomen* que l'adopté forme en ajoutant à son ancien nom de famille la finale *anus* : *Julianus, Æmilianus*, etc. C'est même de cette transmission du nom que M. Mommsen a tiré les meilleurs arguments pour le système exposé dans son *Étude sur Pline le Jeune* et contesté par M. Michel dans son *Droit de cité romaine*, selon lequel l'adoption testamentaire serait une véritable adoption, et peut-être est-il permis de dire en sens inverse, avec le dernier auteur, que l'évolution qui tend, sous l'Empire, à laisser l'adopté conserver de plus en plus intégralement son ancien nom, est un sûr indice du mouvement occulte qui aboutit sous Justinien à maintenir en principe l'adopté dans sa famille d'origine.

La théorie des noms est, à mon sens, moins encore en produisant des faits nouveaux qu'en permettant d'apercevoir d'un point de vue différent des faits déjà connus, la contribution la plus importante fournie par l'épigraphie latine à l'étude du droit des personnes. Mais c'est loin d'être la seule. Il y a une infinité de questions particulières sur lesquelles les inscriptions viennent, à côté de cet ensemble cohérent de renseignements généraux, nous donner de précieuses indications de détail, confirmer, compléter ou corriger ce que nous savons déjà par les textes juridiques. Pour tout relever, il faudrait presque suivre paragraphe à paragraphe les Institutes de Justinien, ou plutôt celle de Gaius (car c'est encore un avantage des inscriptions de nous retracer le plus souvent le droit des bons temps au lieu de celui de la décadence byzantine). Je note seulement les exemples les plus saillants.

Nous avons vu tout à l'heure les renseignements fournis sur la condition des affranchis par le système des noms. Il y a aussi

2

des inscriptions qui relatent des actes concrets d'affranchissement, des affranchissements par la vindicte et des affranchissements par testament. Pour le testament, elles montrent la liberté tantôt conférée *recta via,* tantôt mise à la charge d'un héritier grevé d'un fidéicommis de liberté. Pour la vindicte, elles montrent la loi Ælia Sentia appliquée aux esclaves de moins de trente ans qui prennent soin de noter que leur affranchissement a eu lieu après vérification de la juste cause, *in consilio, ad consilium.* On trouvera les exemples dans le livre de M. Lemonnier. Peut-être même M. Lemonnier eût-il pu rapprocher des dispositions de la loi romaine la disposition du statut latin de Salpensa qui exige pour l'affranchissement fait par un mineur de 20 ans la preuve de la juste cause non pas devant les vingt récupérateurs du droit commun, mais devant le sénat municipal. Peut-être aussi eût-il pu relever cette autre disposition de la même table qui semble, à deux reprises, supposer deux sortes de libertés, la liberté conférée par *manumissio* et celle conférée sans *manumissio,* en opposant le maître *qui servum ex servitute in libertatem manumiserit* et celui *qui servum liberum esse jusserit,* en désignant l'esclave affranchi par la formule *qui manumissus liberve esse jussus erit;* M. Mommsen se demandait déjà, il y a plus de trente ans, si elle ne permettrait pas d'attribuer une origine latine à l'affranchissement sans formes et d'expliquer par une raison de plus la qualification de Latins donnée aux affranchis inférieurs de la loi Junia.

Si nous passons du *status libertatis* au *status civitatis,* on sait que ceux des diplômes militaires qui s'adressent à des soldats pérégrins sont de véritables lettres de naturalisation accordées à ces soldats à leur sortie du service : les auteurs qui prétendent que, depuis Caracalla, il n'y a plus de pérégrins dans l'empire, n'ont même pas encore expliqué pourquoi ces diplômes continuent après lui à conférer expressément la cité à ceux des soldats qui ne l'auraient pas encore. La naturalisation des militaires nous met en face d'un autre exemple infiniment plus important, le plus frappant peut-être, des secours fournis par les monuments épigraphiques au droit romain dans sa portée historique la plus élevée. Je veux parler des naturalisations de militaires faites, non plus à leur sortie du service, mais à leur entrée au corps, non plus à titre de récompense, mais afin de leur permettre de servir dans les corps réservés aux citoyens, et qui, au lieu d'être affirmées dans des extraits authentiques de l'acte de naturalisation, ne peuvent être discernées que par l'examen le plus délicat des noms de ces citoyens improvisés. Il faut lire la merveilleuse démonstration dans laquelle M. Mommsen a établi, à l'aide d'une sorte de statistique de ces inscriptions, comment la naturalisation en masse des habitants de l'empire opérée par Caracalla dans un intérêt financier avait été préparée par des séries de naturalisations partielles opérées dans un intérêt militaire. Ce sont ces pauvres inscriptions de légionnaires, imparfaitement déguisés en citoyens, qui ont permis à M. Mommsen de rétablir le système de conscription des premiers siècles de l'Empire et qui, en nous révélant les précédents successifs de la mesure finale, transforment la généralisation du droit de cité de fait accidentel dû à l'esprit fiscal d'un souverain en véritable phénomène historique, également intéressant pour l'historien et le jurisconsulte.

A Rome comme chez nous, la qualité de citoyen ne s'acquiert pas seulement par une concession gracieuse de l'autorité compétente, par une naturalisation. Elle s'acquiert aussi par le bienfait de la loi, en vertu d'un droit établi, existant au profit de toutes personnes chez qui se trouvent réunies certaines conditions. J'ai déjà parlé des Latins qui ont servi un certain temps dans les vigiles. La faculté de réclamer la qualité de citoyen existe pareillement au profit de l'étranger qui a fait condamner un magistrat romain pour concussion, atteste la loi *repetundarum* de 630-631, dont le texte nous montre ce droit accordé à tous les étrangers, tandis que les textes littéraires, qui exposent seulement le système de la loi Servilia *repetundarum* plus récente, ne le mentionnent plus que pour les Latins. La même faculté appartient encore en vertu du *majus* et du *minus Latium,* tantôt aux magistrats des cités latines, tantôt à tous les membres de leur sénat municipal, selon la distinction dont le dernier examen du manuscrit de Gaius nous a livré le secret. Mais ce sont les inscriptions seules qui donnent des exemples concrets de cette concession, au moins pour le *minus Latium,* attesté au 1er siècle, par le chapitre 21 de la loi de Salpensa, attesté bien plus anciennement par la ligne 78-85 de la loi *repetundarum,* qui établit du même coup que les ouvrages de droit romain ont tort d'indiquer parfois ce mode d'acquisition de la cité comme datant seulement de l'époque impériale.

Toujours en ce qui concerne le *status civitatis,* la première loi que j'ai citée, la loi de Salpensa nous fournit un renseignement d'importance capitale sur le droit privé des Latins : elle nous prouve l'existence chez eux des mêmes puissances familiales que chez les Romains en rétablissant par une disposition expresse sur les Latins naturalisés Romains les droits de *patria potestas,* de *manus* et de *mancipium* éteints par la *capitis deminutio.* Une brève inscription de la colonie latine de Luceria, qui paraît dater des environs du milieu du VIe siècle et qui établit pour la poursuite privée de certaines infractions une procédure de *manus injectio pro judicato*, nous montre également qu'ils suivaient un système de procédure analogue jusque dans le détail au système romain des actions de la loi.

Quant au *status familiæ*, j'ai déjà dit que les femmes qui portent encore, sous l'Empire, le nom de leur mari au génitif, sans substantif qui le gouverne, sont peut-être un témoignage de la survivance de la *manus*. Il est même bien d'accord avec cette idée que la particularité se présente surtout dans les familles de distinction où les anciens usages s'étaient mieux conservés et où se recrutaient les grands sacerdoces dont les titulaires devaient être soit mariés *farreo* soit nés *ex farreatis nuptiis*. Nous avons sur cette subsistance de la *manus* d'autres témoignages relatifs non seulement à la *confarreatio*, mais à la *coemptio*.

Pour la *coemptio*, la *laudatio Turiæ* qui se place entre l'an 746 et l'an 752 de Rome, constate au moins deux *conventiones in manum* faites *coemptione* : une *coemptio* faite par le père de Turia avec sa femme et par laquelle certains intéressés alléguaient qu'il avait rompu son testament, et une *coemptio* faite par la sœur de Turia avec son mari Cluvius, qui, au cas d'ouverture de la succession *ab intestat*, l'aurait exclue de l'hérédité de son père ; peut-être en outre, d'après certains indices tirés des pouvoirs attribués au mari sur les biens de la femme, le mariage de Turia elle-même avec celui qui fait son oraison funèbre avait-il été accompagné d'une *conventio in manum*. Enfin le même texte nous présente probablement deux exemples de ces combinaisons étrangères à la destination première de l'institution où la *manus* n'est pas constituée *matrimonii gratia*, mais *alterius rei gratia*. D'une part, la *coemptio* faite par le père de Turia après le testament où il avait institué sa fille et le fiancé de celle-ci, a été faite par lui, non pas, comme on pourrait être tenté de croire, avec une seconde femme, mais avec sa première femme, avec la mère de Turia ; car la *laudatio* dit qu'elle a été assassinée avec lui, et par conséquent il acquit sur elle la *manus* longtemps après le mariage dont était née leur fille, dans une fin indépendante quelconque, peut-être pour la libérer de ses liens de parenté d'origine. D'autre part, un passage de la *laudatio* (non reproduit dans Bruns) représente Turia offrant à son mari de divorcer, tout en lui laissant les mêmes pouvoirs sur sa fortune, c'est-à-dire, si l'on admet que ces pouvoirs s'expliquent par une *conventio in manum*, de rompre le mariage sans rompré la *manus*, qui existerait désormais, comme dans les cas anormaux, non plus au profit du mari, mais d'un tiers.

Une preuve bien plus récente du maintien de la *confarreatio* nous est fournie par l'inscription postérieure à l'avènement de Commode qui montre un *sacerdos confarreationum et diffarreationum* spécial délégué à la formation et à la dissoiution de ces unions *farreo* qui étaient nécessaires au recrutement des grands sacerdoces et que, précisément afin d'en assurer la conservation, un sénatus-consulte rendu sous Tibère avait destituées de leurs effets civils.

La détermination de l'âge de puberté appartient à la fois à la théorie du mariage et à celle de la tutelle. Pour l'une et l'autre, on sait que cet âge n'a pas toujours été fixé de la même façon, qu'il y a eu, notamment quant aux garçons, plusieurs systèmes, celui qui s'attachait à la nature, celui qui s'attachait à l'âge fixe de 14 ans et celui qui exigeait à la fois le développement physique et l'âge de 14 ans. On sait aussi que c'est le second qui a prévalu. N'est-il pas intéressant de noter que l'âge de 14 ans est déjà reconnu comme celui de la puberté, en l'an 710 de Rome, par la *lex coloniæ Genetivæ*, qui, réglant les corvées imposées aux *puberes*, n'y astreint que les individus âgés de plus de 14 ans?

En matière de tutelle encore si la loi de Salpensa, régissant une communauté latine plus autonome, donne à ses magistrats municipaux le droit non seulement de présenter (*nominare*), mais de nommer (*dare*) les tuteurs, qui n'appartenait probablement pas, à la même époque, aux magistrats des cités de citoyens, elle reproduit pour le surplus le système des lois Atilia et Julia et Titia, qu'elle éclaire même sous certains rapports. C'est ainsi qu'on a pu chercher un écho du langage même de ces lois dans la formule où elle dit que la tutelle sera déférée par le magistrat *cum tutor non erit incertusve erit*. C'est ainsi qu'elle tranche, contre l'opinion de Savigny, en faveur des autorités du lieu d'origine, la question de savoir si le tuteur doit être nommé par les autorités du domicile ou par celles du lieu d'origine.

Mais ce n'est pas relativement à la tutelle des impubères, qui a subsisté jusque dans le droit de Justinien et sur laquelle ses compilations sont pleines de détails, c'est relativement à la tutelle des femmes que le témoignage de la loi de Salpensa et des autres inscriptions est le plus précieux. On connaît le passage de la loi de Salpensa qui joua un si grand rôle dans la controverse sur l'authenticité de cette loi et où le droit de *tutoris optio* est reconnu à la femme en termes d'une généralité un peu embarrassante. Une inscription tout récemment découverte à Pompéi nous donne peut-être un exemple d'une autre tutelle propre à la femme, de la tutelle cessice : elle nous représente une femme affranchie, Poppæa Note, traitant avec l'*auctoritas* d'un tuteur qui porte un nom différent du sien, qui s'appelle A. Caprasius et qui par conséquent n'est pas l'auteur de son affranchissement; car alors elle s'appellerait Caprasia. Ce peut fort bien, comme le pense le dernier et savant commentateur de l'inscription, M. Eck, et quoique des hypothèses différentes ne soient pas absolument impossibles, être un *tutor cessicius*. M. Accarias a cru trouver dans la *laudatio Turiæ* la preuve d'une autre particularité qui serait encore spéciale à la tutelle des femmes : la *laudatio Turiæ* démontrerait qu'en vertu d'une limitation dont ne parle aucun texte, la femme ingénue serait soumise à la tutelle légitime seulement quand elle recueillerait la succession *ab intestat* de l'ascendant dont la mort la rend *sui juris*. Je n'oserais me rallier à cette opinion; car la suite du passage invoqué par M. Accarias me paraît dire expressément que si, dans le cas de Turia, la tutelle des gentils ne pouvait s'appliquer, c'était parce qu'aucun lien de gentilité ne pouvait être démontré (*neque enim familiæ gens ulla probari poterat*) et que ceux qui réclamaient la tutelle n'étaient pas des gentils (*nam iis qui intenderen[t non esse id] jus quia gentis ejusdem non essent*). En tout cas, l'inscription fournit un nouveau témoignage précis sur l'attribution de la tutelle : il y a des arguments d'analogie très forts pour soutenir qu'à défaut d'agnats la tutelle légitime appartient aux gentils; la *laudatio Turiæ* en est la seule preuve directe.

A côté de ces renseignements sur la délation de la tutelle de la femme, les inscriptions en donnent d'autres sur son administration, sur l'incapacité de la femme et sur le concours du tuteur qui en est la conséquence. Non seulement le chapitre 28 de la table de Salpensa pose le principe que la femme ne peut affranchir son esclave *sine tutore auctore*. Nous possédons des exemples concrets d'actes faits par des femmes avec l'assistance de leurs tuteurs : la donation de Monime où la femme aliène par mancipation un coin de terre, *tutore C. Memio Orione*, la mancipation contenue dans les tablettes de Pompéi citées plus haut où l'affranchie Poppæa Note agit *tutore auctore D. Caprasio A(pro)*, et une inscription latine de Bingen dans laquelle la femme déclare, en un latin un peu barbare, agir *per tutorem auctorem*. On pourrait même joindre à la liste un quatrième acte, la donation d'Irène, dans laquelle la femme agit seule, mais en disant pourquoi, en spécifiant qu'elle a le *jus liberorum*. On aurait au contraire, à mon sens, tort d'y comprendre une dernière inscription où figurent cependant les tuteurs d'une personne du sexe féminin. C'est une obligation alimentaire de Rimini, dans laquelle on voit les tuteurs d'une certaine Septimia Prisca invoquer à son profit la loi Falcidia contre des legs faits par son père. Si le langage du texte est exact, il ne montre pas la fille agissant avec le concours de ses tuteurs, mais les tuteurs agissant à sa place; or, à l'époque de l'inscription, les tuteurs de la femme nubile ne gèrent pas, leur seul rôle est d'*auctoritatem præstare;* le texte ne doit donc pas se rapporter à une femme nubile en tutelle, mais à une enfant placée sous la tutelle ordinaire des impubères.

Pour finir par des exemples épigraphiques concernant la seule théorie du droit des personnes dont nous n'ayons pas encore parlé, la théorie de la *capitis deminutio,* nous pouvons remarquer que les chapitres de la loi de Salpensa qui restituent expressément au Latin naturalisé ses droits de famille et de patronat sont la meilleure preuve que ce Latin subit une *capitis deminutio* en devenant citoyen et que par conséquent il y a aussi bien *capitis deminutio media* quand une personne libre acquiert le droit de cité que quand elle le perd; nous pouvons encore citer, comme exemple de la rupture des liens de parenté civile produite par la *capitis deminutio minima,* le mariage avec *coemptio* de la sœur de Turia qui l'avait rendue incapable d'hériter *ab intestat* de son père. Ce dernier exemple est même, à ma connaissance, le seul témoignage attestant que la *Bonorum possessio unde liberi* accordée par le préteur aux émancipés était refusée par lui aux personnes sorties de la famille par une *conventio in manum* absolument comme à celles qui en étaient sorties par une adoption. Mais, avec lui, nous sortons du cadre du droit des personnes pour entrer dans celui du droit du patrimoine.

II

Le droit du patrimoine est toujours celui qui tient la plus large place dans les codes et les commentaires. Il y a dans le code civil 509 articles sur le droit des personnes; il y en a 1 760 sur le droit des choses. Dans les Institutes de Justinien, le droit des personnes ne remplit pas tout à fait le livre premier; les livres II et III ne suffisent point à l'exposition du droit des choses. Pour les documents épigraphiques, la proportion est la même. C'est ici surtout que les matériaux abondent, que le catalogue idéal dont nous indiquons les grandes lignes affirmerait triomphalement son utilité ; mais c'est également ici que, afin de ne pas devenir encombrants, nous devons soigneusement élaguer les digressions superflues, nous restreindre rigoureusement à des renvois sommaires, à de simples têtes de chapitres.

Écartons d'abord franchement les divisions des choses, par lesquelles s'ouvre la théorie du patrimoine. Sans doute, le régime des *res nullius divini juris* est singulièrement éclairé par les lois de dédication— de Salone, de Furfo, de Narbonne,—qui nous donnent autant d'exemplaires, à peine divers, du formulaire traditionnel de la confection des *res sacræ;* par cet effrayant amas d'inscriptions funéraires où l'on rencontre prévues et tranchées toutes les questions relatives aux *res religiosæ* et dans lesquelles la critique moderne a découvert tout un système original de protection des tombeaux dont nos recueils juridiques ne savent rien : le système des amendes prononcées par le défunt lui-même, probablement en vertu d'une loi positive, aujourd'hui perdue, contre les violations de sa sépulture. Les monuments relatifs aux aqueducs, au cours du Tibre, aux délimitations opérées entre les propriétés de l'État et les propriétés privées, apprennent aussi bien des choses sur les *res nullius humani juris*. Mais on pourrait dire que ces questions sortent des frontières indécises du droit privé pour pénétrer dans les domaines limitrophes du droit public et du droit religieux, et nous ne voulons ici que des exemples de pur droit privé. Je prends seulement les théories du droit du patrimoine qui sont le fond et l'essence du droit civil, la théorie des modes d'acquérir à titre particulier et à titre universel, celles de la constitution des servitudes et des droits réels, de la formation et de l'extinction des obligations. Il n'y en a pas une qui ne soit illustrée non seulement par des indications incidentes contenues dans des inscriptions d'un autre ordre, mais par des séries de titres concrets fournissant, en face des développements abstraits des commentaires, des exemples pratiques de la physionomie positive de chaque acte.

En matière de succession *ab intestat*, les indications incidentes sont, par la force des choses, les seules. Je viens de signaler le passage de la *laudatio Turiæ* qui atteste seul pour la fille *quæ convenit in manum* cette exclusion aussi bien de la succession prétorienne que de la succession civile affirmée par tant de textes pour le fils adoptif. J'ajouterai encore que la *laudatio Murdiæ* jette un jour instructif sur les précédents coutumiers de la législation des secondes noces, quand elle montre au premier siècle la femme remariée Murdia laissant à son fils du premier lit, à l'exclusion des enfants du second, l'intégralité des biens qu'elle a reçus de son premier mari, exactement comme le prescrira législativement trois cents ans plus tard la constitution de 382 de Gratien, Valentinien et Théodose. N'est-ce point un exemple probant de cette sourde genèse pratique par laquelle, en matière successorale plus encore peut-être qu'en toute autre, sont élaborées discrètement les règles qui semblent ensuite jaillir brusquement de la pensée propre d'un législateur?

Ces indications accidentelles ne manquent pas non plus pour les successions testamentaires : les mêmes *laudationes* contiennent des exemples de legs partiaires, de legs par préciput; nous avons rencontré plus haut l'inscription de Rimini qui montre les tuteurs d'une fille invoquant la loi Falcidia contre les libéralités excessives contenues dans le testament de son père; c'est probablement par l'idée d'une réduction analogue qu'il faut expliquer la disposition isolée de la table de Veleia dans laquelle les habitants d'une commune, les *coloni Lucenses* engagent des biens qu'ils paraissent avoir acquis par succession jusqu'à concurrence des trois quarts : *deducta parte quarta*. Mais ici, nous avons mieux que des allusions; nous avons des titres : un codicille par lequel un fils charge son père d'affranchir des esclaves, des chapitres de testaments relatifs à des libéralités faites à des villes; un procès-verbal d'ouverture de testament de la fin du v⁰ siècle; enfin et surtout d'importants débris de deux testaments de la bonne époque : le testament de Dasumius et le testament du Lingon.

Pour ne parler que de ces derniers, le testament du Lingon — qui devait être gravé sur la pierre de son tombeau et d'un long passage duquel une copie ancienne a été retrouvée par M. Kiessling à la bibliothèque de Bâle — est un testament rédigé au 1ᵉʳ siècle par un riche provincial déjà assez romanisé pour se servir correctement des formes du droit civil, encore assez frotté de barbarie pour énumérer minutieusement les ustensiles de chasse et les objets domestiques qu'il prescrit, selon la coutume gauloise, de brûler avec son cadavre. Le testament de Dasumius écrit en l'an 108 de Rome, duquel une partie nous a été conservée par deux débris de marbre trouvés dans le voisinage de la voie Appienne est, malgré l'état de mutilation des fragments, — ils vont probablement d'un bout à l'autre de l'inscription, mais seulement pour le milieu des lignes dont le commencement et la fin sont perdus, — le document épigraphique le plus important que nous possédions pour l'histoire juridique et même morale du testament romain. C'est un type très pur de ces actes solides et compliqués dont la rédaction traditionnelle avec son accumulation de clauses principales et subsidiaires, de disposition en première ligne et en sous-ordre, atteste également la vigueur et la subtilité de la doctrine romaine. C'est en même temps un parfait exemple de ce qu'était, dans la Rome impériale, le testament d'un homme de bonne compagnie, les dernières volontés d'une personne comme il faut désireuse de sortir de la vie conformément aux convenances et aux usages reçus. Dans cette longue suite de clauses qui viennent tour à tour apparaître fragmentairement sur les restes de la pierre, Dasumius, Romain du grand monde, de grande famille et de grandes relations, se trouve nous dépeindre tout le milieu dans lequel il a vécu, ses affections, sa domesticité, sa parenté, les dévouements qu'il veut récompenser, les torts dont il entend assurer l'expiation jusqu'après la fin de sa vie. On y voit successivement défiler sa famille, sur laquelle il subsiste de grandes incertitudes ; ses amis dans lesquels on a reconnu plus ou moins sûrement une bonne part des hommes distingués de son époque : l'empereur Trajan, l'historien Fabius Rusticus, probablement Pline et Tacite, moins probablement le jurisconsulte Proculus ; ensuite, au second plan, livrée fortuitement au souvenir de la postérité par le hasard de dispositions incidentes, cette énorme et encombrante domesticité servile qui était alors l'un des éléments obligés de toute grosse fortune et qui, dans les fragments tronqués du testament, est représentée par plus de vingt esclaves allant du précepteur et de l'intendant jusqu'à l'épileur et à l'aide de cuisine. Un pareil titre est un produit social, l'expression d'une certaine conception et d'une certaine pratique de la vie, aussi impossible à déplacer dans le temps que dans l'espace.

Mais aux yeux des hommes dont le cerveau s'est façonné aux curiosités juridiques, son mérite saillant restera, je crois, toujours ailleurs. Pour eux, son avantage capital, ce sera, je crois, toujours, de dérouler dans un ordre entrecoupé, mais cependant partout sensible, la suite normale de ces dispositions testamentaires que nous ne trouvons que commentées isolément dans les recueils juridiques : d'abord les institutions d'héritiers faites selon la division courante de l'hérédité en douze onces et munies pour le cas de la non-addition de la clause qu'on nomme, en langue technique, la *cretio imperfecta,* institutions parmi lesquelles il y en a une qui semble adressée à un homme sous la condition qu'il prenne le nom du testateur, et d'autres adressées à des femmes qui, venant d'un homme dont la fortune était certainement supérieure à 100 000 as, semblent impliquer la désuétude de la loi

Voconia;— puis les substitutions qui appellent, à défaut des héritiers institués au premier rang, d'autres héritiers en sous-ordre, et qui finissent, selon l'usage romain de se ménager en dernier lieu un héritier certain, par l'institution sinon d'un esclave héritier nécessaire qui ne pourrait légalement répudier, du moins d'une affranchie qui donne en fait la même sécurité au testateur, de sa nourrice Dasumia Syche ; — ensuite des legs de sommes d'argent adressés à des amis et un fidéicommis relatif à la construction d'un monument dans la ville de Cordoue qu'on pense avoir été la patrie de Dasumius ; — ensuite, après des legs compliqués faits à Dasumia Syche, dans lesquels paraissent notamment figurer un legs d'option et le legs d'un *fundus instructus*, des affranchissements directs assez nombreux, plusieurs faits sous la condition que l'esclave rendra ses comptes auparavant ; — d'autres legs aux affranchis du *de cujus;* — d'autres affranchissements ; — un fidéicommis obligeant les héritiers du défunt à payer l'impôt de 5 p. 100 établi sur les affranchissements ; — d'autres legs de rentes viagères adressés à une tante maternelle du *de cujus;* — puis une disposition originale organisant sur certains biens par fidéicommis perpétuel, au profit des affranchis testamentaires et entre vifs du testateur, une fondation inaliénable et transmissible, administrée par des curateurs dont il règle la nomination et le remplacement ; — ensuite des dispositions relatives à sa sépulture ; — une clause mettant à la charge des héritiers le paiement de divers droits de 5 p. 100 à acquitter pour des libéralités à titre particulier ; — la clause dernière, par laquelle le testateur confirme les codicilles qu'il a déjà faits ou qu'il pourra faire par la suite ; — l'approbation des ratures et des surcharges, l'indication du tiers par lequel le *de cujus* a fait écrire l'acte et la date de cet acte donnée par les noms des consuls que l'on croyait jadis correspondre à l'an 109 de notre ère, mais que de nouveaux documents ont montrés appartenir à l'an 108 ; — enfin, après toutes ces mentions terminales, de nouveaux legs dont l'un est celui à l'empereur Trajan, et qui furent probablement faits dans un codicille postérieur qu'on aura gravé sur la pierre à la suite du testament qui le confirmait. — J'ai cru devoir analyser complètement cet acte pour montrer la quantité d'institutions juridiques au sujet desquelles on pourrait utilement l'invoquer et au sujet desquelles la plupart de ses intérêts ont même été déjà signalés, il y a plus de quarante ans, dans un très précieux article de Rudorff, fort bien résumé chez nous par M. Laboulaye.

Voilà pour les modes d'acquérir à titre universel. Les docu-

ments épigraphiques ne manquent pas davantage pour les modes
à titre particulier. Il y a, comme on sait, pour la transmission
entre vifs de la propriété, trois procédés pratiques : la tradition,
mode sans formes, qui, jusqu'à la décadence, reste spécial aux
choses les moins précieuses, qui ne fait acquérir la propriété des
autres que *jure prætorio,* qui peut-être anciennement ne faisait
acquérir la propriété d'aucunes, et deux procédés formels dispa-
rus sous Justinien, mais encore en pleine vigueur à l'époque classique et peut-être les seuls à l'origine, une vente simulée et un
procès simulé, la mancipation et l'*in jure cessio.* Nous avons des
titres pour les trois. L'*in jure cessio* ne se trouve mentionnée qu'une
fois, dans une inscription mutilée d'Ostie restituée par M. Mommsen, omise seulement par erreur dans les dernières éditions de
Bruns, et l'on peut même rapprocher cette rareté d'apparition de
l'*in jure cessio* dans les titres, de sa rareté d'apparition dans les
commentaires déjà signalée par M. de Jhering comme un indice
de sa fréquence médiocre d'application. Mais nous avons une foule
de titres pour la mancipation, et nous en avons même pour toutes
ses variétés. Nous en avons pour la mancipation faite *donationis
causa* : donation de Syntrophus, donation d'Artemidore, de Monime, d'Irène. Nous en avons pour la mancipation fiduciaire faite
à titre de sûreté d'une dette : la fameuse table de bronze trouvée
en Espagne, en 1867, et qui, selon l'opinion la meilleure, contient
la première partie d'un formulaire de pareilles conventions pendu
dans le bureau d'un esclave installé en province pour y faire la
banque ; le triptyque trouvé en 1887 à Pompéi et qui, selon la restitution la plus vraisemblable, relate une opération de cette espèce
faite par Dicidia Margaris. Nous en avons aussi pour la mancipation normale, à titre onéreux, faite en vertu d'une vente : tous les
contrats de vente gravés sur les tablettes de cire de Transylvanie,
dans lesquels on voit les provinciaux, habitants de ces districts mi-
niers, se représenter, en copiant des formulaires venus de Rome,
comme aliénant et acquérant par des mancipations dont les principes de droit réserveraient l'usage aux citoyens romains. Nous avons
également, sinon sur la pierre ou sur le bronze, au moins sur papyrus, des titres de tradition, appartenant, comme il convient à
l'époque où les formes solennelles disparaissent, même pour les
choses précieuses dont elles pouvaient seules autrefois transférer
la propriété quiritaire : ainsi le contrat de vente fait en 359 à As-
calon et dans lequel le vendeur fait simple tradition d'un de ces
esclaves pour lesquels, au II° siècle, les triptyques de Transylvanie
mentionnent la mancipation ; ainsi encore tous les actes de vente

postérieurs avec lesquels on passe décidément du domaine de
l'épigraphie dans celui de la diplomatique, de Bruns et du *Corpus*
à Marini et à Spangenberg et qui sont au droit de Justinien ce que
les mancipations de la bonne époque sont au droit du temps de
Julien et de Celse.

Et ces titres n'ont point seulement l'incontestable mérite de
montrer en mouvement le mécanisme juridique dont tous les commentaires de jurisconsultes ne peuvent donner qu'une description
morte. Ils sont assez explicites pour ouvrir des jours sur des points
douteux, pour lever des incertitudes, pour révéler des faits nouveaux. Le catalogue devrait ici, pour être complet, mentionner à
côté du certain, l'incertain; enregistrer impartialement, en les
distinguant à peine par un signe, le sûr et le conjectural. Il aurait
beaucoup à noter dans les deux.

Il existe une opinion défendue par des jurisconsultes sérieux,
suivant laquelle la mancipation est spéciale aux choses *mancipi* seulement en ce sens qu'elle peut seule en transférer la propriété, non
point en ce sens qu'elle ne pourrait transférer la propriété que
d'elles. Quelques-uns des derniers auteurs qui ont soutenu cette
doctrine ont, pour étendre la mancipation aux *res nec mancipi*, in-
voqué, à côté d'un texte bien connu de Pline l'Ancien, les|inscrip-
tions qui mentionnent la mancipation appliquée à des *ollæ fune-
rariæ*. — Un texte de l'*Epitome* de Gaius a parfois donné à croire
que l'*antestatus* ne serait pas autre chose que le *libripens*. Il suffit,
pour s'assurer du contraire, de prendre l'une quelconque des mancipations *donationis causa* citées plus haut : dans toutes, on trouve
à la fois un *libripens* et un *antestatus* portant des noms différents.
— La mancipation, vente fictive exécutant souvent une vente
réelle, ne doit-elle point contenir la mention d'un prix ? Un texte
isolé des Fragments du Vatican, donnerait tout au plus à le supposer. Les mancipations faites en exécution de donations, les mancipations fiduciaires qui contiennent la mention du prix fictif.
d'un sesterce, les titres de Transylvanie qui indiquent tous le
prix comme étant à la fois celui de la vente et celui de la mancipation, l'établissent avec certitude. — Ulpien dit quelque part que
l'on peut manciper à la fois plusieurs choses et M. de Jhering a
depuis longtemps considéré cette faculté admise par Ulpien comme
une pratique relâchée contraire aux principes primitifs. Le titre
de mancipation fiduciaire découvert à Pompéi confirme cette conjecture en montrant le soin avec lequel les parties font une mancipation distincte pour chacun des deux esclaves aliénés en sûreté
de la créance de Dicidia Margaris. — Enfin, si l'action *auctoritatis*

en paiement du double du prix, qui appartient à l'acquéreur par mancipation évincé n'est pas aussi absente des textes juridiques que pourrait faire croire le silence de nombreux ouvrages modernes, il existe à son sujet une question que les textes épigraphiques me semblent trancher plus nettement que tous les autres : c'est, ainsi que je crois l'avoir établi ailleurs, la question de savoir si l'obligation qui pèse sur l'aliénateur pèse sur lui de plein droit, par la seule vertu de la mancipation, ou si elle n'est qu'un effet accidentel de l'acte, résultant seulement d'une clause expresse et pouvant à plus forte raison être écarté par une clause contraire. Si l'obligation au double n'était pas une conséquence immédiate et forcée de la mancipation, il serait bien impossible de deviner pourquoi le formulaire espagnol d'aliénation fiduciaire, qui permet à l'acquéreur d'aliéner sans garantie les biens qui lui ont été remis, lui permet en même temps de les manciper *nummo uno*, c'est-à-dire de réduire à un taux dérisoire le prix déclaré dans la mancipation dont il devra, nonobstant toute clause contraire, la restitution au double au cas d'éviction.

Les constitutions des servitudes sont infiniment moins fréquentes que les aliénations. Cependant les commentaires nous montrent qu'elles tiennent une place dans la pratique romaine, et ce sont des actes dont, précisément à cause des querelles faciles qu'ils sont de nature à provoquer, il convient de conserver une preuve authentique. Nous possédons des titres variés en constatant l'existence ou l'établissement. « On trouve déjà, dit M. Karlowa, dans deux actes de donation la constitution faite en même temps d'*itus, aditus* (*actus*), *ambitus*, etc. aux monuments en question. Il nous a en outre été conservé un certain nombre d'inscriptions attestant brièvement la constitution de servitudes des espèces les plus diverses (*jus luminum opstruendorum, itus actusque* en faveur de fonds de terre, par exemple pour mettre des tombeaux ou des *delubra* en communication avec la voie publique). On rencontre aussi dans les inscriptions des servitudes relatives aux eaux (*iter actus ad puteum, haustus aquæ ex suburbano R.* en faveur d'un monument, *jus aquarum tubo ducendarum* au profit d'un *balineum*). A l'inverse, on trouve, au sujet de facultés qui pourraient faire l'objet de servitudes, l'existence de ces servitudes exclue par l'addition *precario* (*Precario utitur Antonius Astralis; Iter precarium Q. Gavi Phari; Privatum precario adeitur; Precario aqua recepitur tegulis LXXXX*). Il faut signaler spécialement une inscription relative à une *servitus aquæ ducendæ*, appartenant à un certain Mummius Niger Valerianus *consularis*, au profit de sa *villa Calvi-*

siana, à laquelle se joignait l'*iter aquæ* à travers les fonds privés et les voies publiques situés entre la source et la *villa.* La *servitus aquæ* et l'*iter aquæ* avaient été établis sur les différents fonds par mancipation d'après les termes de l'inscription qui dit : *In quo is fons est emancipatus — comparatis et emancipatis sibi locis itineribusque ejus aquæ a possessoribus sui cujusque fundi, per quæ aqua supra scripta ducta est.* Le droit de faire passer l'eau *per vias limitesque publicos* est représenté comme concédé par un sénatus-consulte (*ex permissu sc.*). » Nous aurions encore, selon le même auteur, un titre de constitution d'usufruit dans la longue inscription de Pouzzoles qui accorde à un certain Laelius Atimetus la jouissance gratuite d'un édifice construit par lui sur un terrain communal à condition que cet immeuble revienne à la ville à son décès. Selon d'autres, le titre relate une convention particulière de superficie. En tout cas, c'est certainement à une convention de superficie que se rapporte la curieuse inscription de Rome qui nous a conservé toute la correspondance officielle relative à la petite loge que fut autorisé à se construire au pied de la colonne Antonine un gardien de cette colonne du temps de Septime Sévère. Ce sont encore enfin des titres de constitution de droits réels que les tables alimentaires de Veleia et des Ligures Bæbiani, que les titres analogues de Rimini, de Ferentinum et d'autres lieux, où l'on voit des sommes d'argent affectées tantôt par l'empereur, tantôt et plus anciennement peut-être par des particuliers, au service de rentes perpétuelles, être versées à des propriétaires qui en gagent l'intérêt sur des immeubles dans des conditions encore controversées. Certainement ce groupe d'actes publics et privés qui pourrait faire l'objet d'une si intéressante monographie juridique, ne serait point aussi régulièrement oublié dans les études écrites par les jurisconsultes sur les Fondations, si les titres s'en trouvaient défigurés et corrompus dans les compilations de Justinien au lieu de nous être parvenus directement dans leur pureté primitive.

Si nous passons aux sources d'obligations, les inscriptions nous fournissent encore sur elles à la fois des renseignements incidents et des titres en forme. Les indications incidentes ne manquent pas et ne sont point sans valeur. La loi Julia municipalis ne parle des actions infamantes que pour exclure des honneurs municipaux ceux qui ont été condamnés sur elles. Nous lui devons cependant un témoignage d'une haute importance historique : la preuve que l'action contractuelle de dépôt, qui n'y figure point quoiqu'elle soit infamante, n'existait pas en l'an 709. Un jurisconsulte français que j'aurais eu bien des fois à citer si les inscriptions relatives au droit public n'étaient exclues du cadre de ce travail, M. Esmein, considère le fragment d'Este comme contenant la justification du système de M. Wlassak, selon lequel les actions de tutelle et de mandat seraient issues, par une différenciation progressive, de l'action de gestion d'affaires. Le fragment d'Este et la loi Julia semblent l'un et l'autre établir, en matière d'obligations nées de délits, qu'à la différence du vol, le délit d'injures ne faisait pas encore naître d'action noxale à leur époque. C'est dans la table de Salpensa, qui prend ici la peine de dire que le droit qu'elle indique est calqué sur celui de la capitale, que nous pouvons le mieux étudier le système de la prédiature et les deux ventes *lege prædiatoria* et *in vacuum* qu'il entraînait successivement contre les cautions données à l'État et aux communes. Il est paru depuis trente ans plus de vingt travaux sur la caution *prædibus prædiisque;* il n'y en a pas un dont les chapitres 63, 64 et 65 de la loi de Salpensa ne soient la base. Et, avec la loi de Salpensa, il faudrait, notamment quant aux *prædes,* citer encore d'autres textes législatifs : des passages de la loi agraire, des passages de la loi *repetundarum.* Mais tous ces renseignements accidentels restent peu de chose à côté des informations fournies par les titres concrets dont l'objet direct est de relater des actes déterminés.

Comme titres pareils trouvés épars dans les diverses régions de l'empire, on peut relever : les deux titres de mancipation fiduciaire de Bonanza et de Pompéi, où nous voyons à sa vraie place et dans son rôle pratique ce contrat de fiducie qui ne figure plus dans le droit de Justinien et que, malgré le témoignage de Gaius et de Paul, malgré les textes que lui a restitués M. Lenel, la routine porte toujours à oublier dans le droit classique, — le premier est même en outre le document le plus précis sur ces vieux procédés de cautionnement à peine indiqués par un ou deux textes littéraires, qui s'appellent la *satisdatio* et la *repromissio secundum mancipium* et qu'il distingue explicitement de la stipulation *duplæ;* — les annonces de location qui, comme la *lex horreorum imperatoris,* découverte à Rome en 1885 auprès du mont Testaccio, et la vieille copie d'une inscription symétrique qui en a été rapprochée par M. Gatti, donnent aux chalands, à la manière des imprimés déposés chez certains concierges modernes, le tableau complet des clauses du contrat à conclure; le marché de construction de 649, dont une pierre de Pouzzoles nous conserve une réédition de l'époque impériale; l'inscription du territoire de Tibur signalée par M. Mommsen dans le tome XIV du *Cor-*

pus et dans la 5ᵉ édition de Bruns, comme relative à un contrat littéral; et, en sortant un peu de la définition restreinte et matérielle de l'épigraphie, les deux ventes d'un immeuble et d'un esclave du ɪɪᵉ et du ɪvᵉ siècle inscrites sur des papyrus conservés à Paris et à Berlin.

Nous avons en outre une incomparable collection de titres provenant tous du même fonds et s'étendant pour ainsi dire à la totalité des contrats du droit classique : ce sont les tablettes enduites de cire et disposées en triptyques, en date des années 131 à 167 après J.-C., découvertes depuis la fin du siècle dernier dans des mines de Transylvanie, restées illisibles jusqu'en 1840 où l'écriture cursive en fut pour la première fois déchiffrée par M. Massmann et aujourd'hui toutes rassemblées, avec un commentaire magistral de M. Mommsen, dans le tome III du *Corpus*. Ce sont des ventes, des louages de services, des prêts, des dépôts, des sociétés, contractés par les habitants, au latin barbare et aux maigres ressources de ce district minier. Mais ce ne sont point les coutumes originales des populations implantées là par Trajan qu'il faut chercher dans ces actes. Ce que nous transmettent les traits incertains écrits sur ces planchettes de bois d'une main inhabile et dans une orthographe hasardée, c'est le droit civil de Rome, le même qui était suivi dans les ventes conclues par les marchands d'esclaves du *Forum boarium*, dans les prêts faits par les capitalistes du *vicus Tuscus*, dans les marchés conclus par les pauvres manœuvres des galetas des bords du Tibre. Aujourd'hui encore les actes ne sont pas dressés autrement chez les notaires des environs de Brest ou du fond de la Lozère que dans les études les plus parisiennes de la rue Royale ou du faubourg Saint-Honoré. Tout au plus une faute d'orthographe trahira-t-elle, à un bout de ligne, l'idiome propre du scribe cévenol ou bas-breton. Il en était tout juste de même dans l'empire romain. Les actes faits à Alburnus major, ou à Karto, ou dans les *canabæ* de la *legio XIII gemina*, par les personnages aux noms pérégrins d'Andueia Batonis ou de Dasius Versonis sont minutieusement calqués sur les formulaires en usage à Rome à la même époque, c'est-à-dire dans la période la plus brillante du droit, à une époque où avaient déjà paru les Julien, les Pomponius, les Celse et les Neratius. Tout le défaut de la copie est d'être trop servile, de tomber par là dans des fautes de langue ou de droit, de conserver pour une petite esclave du sexe féminin les adjectifs masculins qui se rapportaient dans le formulaire à un esclave mâle, de garder aussi pour elle les clauses spécifiant l'absence de responsabilité noxale inutiles relativement à une enfant de six ans qui n'a pu commettre de délits ; de maintenir la mention de la mancipation au profit d'étrangers qui ne peuvent acquérir par ce mode ou sur des fonds provinciaux qui ne peuvent être aliénés par lui. Et ce défaut est naturellement pour nous un bienfait, puisqu'il nous garantit la sincérité de la reproduction, sa concordance avec le formulaire pris pour modèle. Nous ne possédons point les actes que les jurisconsultes de Rome avaient sous les yeux en écrivant leurs commentaires ; mais les actes de notre misérable district de Dacie les remplacent parfaitement. Il suffit de feuilleter les *Fontes* ou le *Corpus* pour voir comment un terme singulier d'un acte de dépôt d'Alburnus major de l'an 167 se trouve expliqué au Digeste par Papinien, comment une combinaison de mutuum visée par Scævola rencontre son exemple dans un acte du même lieu de 162. J'ai montré ailleurs comment la formule de la *stipulatio duplæ* interprétée dans des centaines de fragments de jurisconsultes trouve sa rédaction authentique et uniforme dans les actes de ventes de notre collection, et j'ai signalé au même lieu un exemple piquant qui fait bien voir comment les témoignages épigraphiques viennent donner aux recherches une base plus solide et plus ferme, fournir un instrument de contrôle inappréciable aux conclusions tirées des seuls textes juridiques. Un jurisconsulte doué d'une pénétration singulière et d'une rare connaissance des textes, M. de Brinz, entreprit de restituer la formule de la stipulation *duplæ* à l'aide des allusions qu'y font les textes du Digeste, sans avoir l'idée de recourir aux triptyques de Transylvanie, et il discerna parfaitement la double condition sous laquelle le double des prix y est promis par le vendeur : pourvu qu'il y ait une éviction et que cette éviction empêche d'avoir la chose ; mais, ne se servant que des commentaires à l'exclusion des titres, il confondit l'ordre des termes et proposa la rédaction embarrassée : *si hominem mihi habere eo quod evictus fuerit non licebit;* la formule toute simple fournie par nos actes est : *si homo evictus fuerit quo minus habere — possidere, uti frui — liceat.*

Pour épuiser la liste des matières du droit du patrimoine, nous n'avons plus guère à étudier que les modes d'extinction des obligations. C'est un domaine dans lequel les monuments concrets étaient rares jusqu'aux dernières années. Tout au plus pouvait-on relever, dans d'autres actes plus complexes, quelques mentions incidentes du paiement : ainsi, dans les ventes de Transylvanie, la mention du paiement du prix fait par le vendeur à l'acheteur ; ainsi peut-être, dans les mêmes actes, la mention concise du paiement du prix fait par ce vendeur lui-même à son auteur, attesté par la remise au nouvel acheteur de la quittance, *apoca*, jadis délivrée par le second au premier; il n'y a d'exception que pour la petite fille de 6 ans de l'acte de 139, et l'acte dit pourquoi : elle n'est pas livrée *apocata*, parce que c'est une *puella sportellaria*, achetée par-dessus le marché dans une vente antérieure par son vendeur actuel. C'était là tout. On n'avait point de titre principal d'extinction. Aujourd'hui nous en avons une collection complète : les titres trouvés en 1875 à Pompéi dans la maison du commissaire-priseur L. Cæcilius Jucundus. La caisse qui les contenait était là depuis la première éruption. Jucundus, a-t-on dit, a pu les abandonner comme la portion la moins précieuse de ses archives, pendant qu'il emportait d'autres pièces plus importantes : ses titres de créances, son livre de caisse. Nous y perdons peut-être cet exemplaire authentique du *codex accepti et expensi* qui déblaierait une bonne fois la théorie du contrat *litteris* du fatras de controverses qui l'encombre. Nous y gagnons une série de titres extinctifs constatant la libération de leur possesseur envers des particuliers pour lesquels des ventes avaient été faites et à qui le produit en a été versé sous déduction d'un droit variant de 2 à 8 p. 100. C'est tout un dossier s'étendant de l'an 15 à l'an 62 après J.-C. et embrassant, à côté des opérations de Jucundus lui-même, celles d'un certain L. Cæcilius Felix dont il était le successeur et probablement le fils. Il semble même qu'on y peut suivre les traces d'un progrès fait au cours de sa pratique par Jucundus et qui correspond à une évolution générale du système des actes probatoires romains. Il y a eu successivement à Rome deux espèces de titres relatifs à l'extinction des obligations : les premiers écrits par le débiteur lui-même et portant que le créancier a reconnu devant des témoins qui sont indiqués avoir reçu le paiement, sont plutôt des mémorandums destinés à faciliter la preuve orale que de véritables preuves écrites; les seconds, les *chirographa*, qui prévalent dans le droit byzantin et paraissent d'origine grecque, sont de véritables reçus écrits par le débiteur ou sur son ordre. Or, les plus anciens exemples du second type que nous possédions sont dans les archives de ce trafiquant des régions hellénisées de l'Italie méridionale, que nous voyons, à la différence de son père, à la différence de ce qu'il faisait lui-même dans les premières années, y recourir à partir d'un certain moment de sa carrière. C'est dans l'ancienne forme qu'est rédigé le seul titre venant de L. Cæcilius Felix, de l'an 15. C'est d'elle encore que se sert Jucundus en l'an 27, en l'an 54 même.

Mais, à partir de cette date, il emploie tantôt l'une tantôt l'autre, parfois même les deux pour un même acte, en écrivant lui-même de sa main le titre intérieur dans la première forme tandis que la quittance est écrite à l'extérieur d'une écriture différente, celle du tiers ou de son fondé de pouvoirs. Il y a là certainement un témoignage instructif sur les circonstances géographiques et chronologiques dans lesquelles une des formes a remplacé l'autre. Les mêmes titres auraient encore une tout autre importance, si l'on pouvait admettre, avec une conjecture ingénieuse de M. Mommsen adoptée par M. Caillemer, que les actes de la première catégorie constateraient non pas des paiements, mais des acceptilations, et qu'ils attesteraient le maintien au début de l'Empire, pour les obligations nées *verbis*, de l'exigence d'un acte formel d'extinction à côté du paiement. Mais ce n'est point ici le lieu d'entrer dans la discussion de la controverse, et, notamment, quant au dernier point, M. Bruns a formulé des objections sérieuses contre la doctrine de M. Mommsen.

III

Pour la matière de l'organisation judiciaire et de la procédure civile, de ce que Justinien et Gaius appellent le droit des actions, les recueils épigraphiques présentent avec une abondance presque égale les allusions isolées et les titres concrets.

C'est dans les inscriptions autant et parfois plus que dans les livres de droit que l'on peut suivre, et surtout dater les étapes de cette évolution remarquable qui, après avoir, dès les temps protohistoriques, inauguré le principe de la césure judiciaire, partagé les instances civiles entre les deux phases du *jus* et du *judicium*, et constitué de la sorte l'*ordo judiciorum privatorum*, est, aux temps de la décadence, revenue à la concentration du procès dans une seule main par la reconnaissance d'un nombre toujours plus grand de cas de *cognitio extra ordinem*. Plus le matériel épigraphique se complète, mieux on voit s'y dessiner les uns au-dessous des autres, à la manière de couches géologiques successives, les divers systèmes judiciaires et leurs personnels distincts : d'abord les deux catégories d'autorités de l'*ordo :* magistrats supérieurs, gouverneurs, *juridici*, préfets, magistrats municipaux pour le *jus*, *judices*, récupérateurs, décemvirs, centumvirs pour le *judicium ;* ensuite les préteurs judiciaires spéciaux dont l'apparition depuis le début de l'Empire est le premier symptôme d'une tendance nouvelle ; ensuite encore toute cette foule de fonctionnaires ad-

ministratifs de plus en plus nombreux, investis d'attributions judiciaires toujours plus larges, dont la substitution totale au jury
civil et aux magistrats électifs caractérise la procédure byzantine
et les systèmes qui en dérivent.

Naturellement les inscriptions ne manquent pas pour les deux
autorités supérieures chargées de l'administration régulière de la
justice, pour le préteur urbain et le préteur pérégrin. C'est même
par elles que nous connaissons la dénomination officielle de ce
dernier appelé sous la République, *prætor qui inter peregrinos jus
dicit*, sous l'Empire, *prætor qui inter cives et peregrinos jus dicit*,
— une diversité de langage qui n'est point encore expliquée et
que M. Gradenwitz a voulu récemment rattacher à l'idée d'apparence paradoxale que ce préteur n'eût été, jusqu'à l'Empire,
exclusivement compétent qu'entre pérégrins. — Nous avons aussi
des inscriptions instructives de tous ces préteurs accessoires commis à des fonctions spéciales depuis l'Empire : du préteur *hastarius* ou *ad hastas* dont le nom ne nous est connu que par deux
pierres et dans lequel il faut sans doute voir le préteur chargé de
présider les centumvirs pour la décision des affaires organisées
in jure devant l'un des deux préteurs réguliers ; du préteur *de liberalibus causis* dont l'apparition se trouve attestée presque simultanément par une constitution d'Alexandre Sévère de 223 et par
une inscription du début du IIIᵉ siècle ; du préteur tutélaire, si
souvent mentionné dans les textes juridiques, dont un passage de
la *Vita Marci* attribue vaguement la création à Marc-Aurèle tandis
qu'elle est plus rigoureusement assignée à Marc-Aurèle et L. Vérus par l'inscription de C. Arrius Antonius *cui primo juris dictio
pupillaris a sanctissimis imperatoribus mandata est*. Parfois même
le silence de ces textes vaut un témoignagne exprès : ainsi
l'opinion selon laquelle la préture pérégrine a disparu sous Caracalla, à la suite de la concession du droit de cité à tout l'Empire, ne peut invoquer de meilleur argument que l'absence dans
les inscriptions d'aucun préteur pérégrin postérieur à C. Julius
Asper, consul en 212, l'année même où Dion place la réforme.

Les monuments épigraphiques conservent pareillement le souvenir de ces juridictions extraordinaires de fonctionnaires impériaux qui, avant de subsister seules, ont commencé par constituer
en face de l'*ordo* des exceptions toujours plus larges. C'est par eux,
beaucoup plus que par un texte obscur de Dion et par quelques
passages de l'Histoire auguste, que l'on peut reconstituer la compétence et les circonscriptions des *juridici per Italiam* : le Digeste
n'en dit rien. Si c'est par le Digeste que nous connaissons la ju

ridiction civile accordée au préfet de la ville et probablement auparavant au préfet de l'annone, si nous connaissons aussi par lui certaines branches de la compétence civile du préfet des vigiles, par exemple en matière de contestations entre propriétaire et locataire, la célèbre inscription qui montre trois préfets successifs statuant sur une redevance réclamée à des foulons nous le montre exerçant là une compétence dont les recueils juridiques ne savent rien, et c'est dans une autre inscription qui atteste le transfert au même préfet de la surveillance des autorités de quartier établies dans l'intérieur de Rome que M. Mommsen a tout dernièrement proposé de chercher le fondement de cette compétence si discuté entre les interprètes. C'est au même courant d'usurpation des fonctionnaires impériaux qu'il faut, je crois, rapporter la sentence de ce sous-préfet de la flotte de Misène qu'une inscription perdue fait statuer sur un contrat de vente attaqué comme ayant pour objet une chose hors du commerce. Enfin, rien n'affirme plus brutalement la décadence de l'*ordo judiciorum privatorum* que la surprenante solution de continuité par laquelle les inscriptions de notables inscrits sur la liste des *judices*, innombrables dans les deux premiers siècles, s'évanouissent dès le début du III°, de telle sorte qu'aucune adlection de jurés n'est plus attestée depuis Marc-Aurèle, et que le dernier *judex* que l'on connaisse est un consul de l'an 261 qui avait été inscrit dans les cinq décuries au commencement de sa carrière, probablement sous Septime Sévère.

Ensuite il n'y a plus rien. L'*ordo judiciorum* qui existera encore en théorie pendant un siècle fonctionne si peu en pratique qu'on ne dresse plus de listes des jurés. Il n'y a plus d'inscription de *judices*. Et cela est d'autant plus frappant qu'auparavant il n'y a pas dans les titres commémoratifs, dans les cippes funéraires, de mention plus fréquente, qu'il n'y a pas de domaine dans lequel la vanité bourgeoise, désireuse de transmettre à la postérité le souvenir des moindres distinctions honorifiques, ait plus merveilleusement servi l'histoire. S'il nous avait fallu dire ici tout ce que les inscriptions nous apprennent sur les *judices* du Principat, c'est par eux que nous aurions dû commencer notre revue du personnel judiciaire. Heureusement nous pouvons faire un renvoi qui nous dispense d'insister. Sur les *judices*, comme au reste sur la plupart des autorités qui statuent *in judicio*, sur les centumvirs, sur les *decemviris in litibus judicandis*, comme encore, parmi les autorités qui statuent *in jure*, sur les préfets locaux du préteur et sur les *juridici* délégués à la juridiction par les gouverneurs, on trouvera tout le matériel épigraphique dépouillé et classé dans les passages relatifs à ces différents personnages du *Droit public* de Mommsen. Qu'on lise par exemple la section consacrée aux postes de jurés dans le chapitre des Chevaliers et que l'on compare les développements qui y sont contenus sur l'*album judicum* à ceux donnés dans l'un quelconque des manuels de procédure romaine, et l'on pourra mesurer exactement la différence qui sépare les indications données par les textes juridiques et littéraires courants des résultats fournis par la totalité des sources, sources épigraphiques comprises. Je signalerai seulement, parce que l'auteur du *Droit public* n'a pas eu à s'occuper de ce point dans son grand ouvrage, les renseignements donnés par les inscriptions sur le fonctionnement des tribunaux de récupérateurs.

Les textes juridiques et littéraires nous font tout au plus savoir : que les récupérateurs sont en nombre multiple, que la procédure suivie devant eux présente un caractère de célérité, et qu'au moins dans les provinces ils sont nommés par un certain jeu de tirage au sort et de récusations au lieu d'être directement choisis par les parties. La loi agraire de 643, qui est le texte fondamental sur la matière, nous montre non plus en province, mais en Italie, les récupérateurs désignés pour chaque procès au nombre de 11 sur lesquels les parties peuvent en récuser alternativement chacune 4, de manière à en abaisser le chiffre au minimum de 3. L'édit d'Auguste sur l'aqueduc de Venafrum représente cette procédure de récusation comme réglée par une loi, sans doute par la loi Julia *judiciorum privatorum*. Quant à l'accélération, la loi agraire oblige le magistrat à les nommer dans les dix jours de la première comparution des parties devant lui; en outre, selon le chapitre 95 de la loi de la colonie Genetiva, un jour est fixé pour le jugement lors de leur nomination et, s'ils ne statuent pas à ce terme, il leur est imparti un dernier délai rigoureusement obligatoire dans lequel ils doivent nécessairement le faire, de manière à ce que tout soit terminé dans les vingt jours. Quatre éléments d'information sur la généralité de chacun desquels on peut discuter, mais dont il n'est point permis de faire abstraction dans une étude quelconque sur cette catégorie de jurés.

Je rappelle d'un mot les règles sur la compétence, sur sa division entre le pouvoir central et les autorités locales. Les recueils juridiques ne contiennent à ce sujet que des allusions vagues et corrompues. Les seules données positives dont on puisse raisonner au moins par analogie, — compétence des autorités locales *in infinitum* en certaines matières, jusqu'au taux de 15 000 sesterces

en certaines autres ; incompétence des mêmes autorités quant aux
actions infamantes, sauf la possibilité d'une prorogation de juridiction par l'accord des parties, lorsque l'importance de l'action
n'excède pas 10 000 sesterces ; règles propres correspondant probablement à une extension de compétence pour les actions en
partage ; mode de renvoi aux autorités romaines des procès qui
leur sont réservés, — nous sont fournies par les fragments de
Veleia de la loi Rubria et par les fragments de la même loi ou
d'une loi analogue découverts à Este en 1880, auxquels on peut
ajouter un débris obscur du chapitre 69 de la loi de Malaca et un
bout d'inscription mutilée qui rattache à une loi Ælia, d'ailleurs
inconnue, l'intervention du préteur contre les usurpations des
magistrats municipaux.

Restent les témoignages qui concernent le plus directement le
droit privé, ceux relatifs à la procédure elle-même. Nous en possédons d'excellents sur chacun des systèmes de procédure qui ont
fonctionné à Rome, procédure des actions de la loi, procédure
formulaire et procédure extraordinaire.

Pour la procédure des actions de la loi, sur laquelle nos sources
juridiques sont si pauvres, nous en avons relativement beaucoup.
J'énumère seulement. — Les textes juridiques ne nous disent pas si
cette procédure est rigoureusement spéciale à Rome ou si c'est une
institution commune à d'autres groupes symétriques, à des peu-
ples de même race, à des cercles plus larges encore. Sauf un passage de Tite-Live relatif à Capoue qu'on ne cite presque jamais, les
textes littéraires ne nous le disent guère davantage. Tout au plus
le raisonnement porte-t-il à penser que cette procédure romaine
devait être également suivie dans toutes les cités de citoyens,
que ce fût devant des préfets romains ou devant des magistrats
municipaux. Non seulement la loi de Genetiva nous en atteste
l'existence dans les colonies de citoyens ; mais les lois de Malaca
et de Salpensa qui la connaissent sous l'Empire, sous la forme
résiduelle de juridiction gracieuse, l'inscription de Luceria qui
organise dans la seconde moitié du vi° siècle une action populaire
sous la forme de *manus injectio pro judicato*, en affirment également l'existence dans les cités latines ; mais la loi osque de Bantia,
où nous rencontrons à la fois la mention de cette *manus injectio*
et de la *legis actio*, nous la révèle chez des alliés italiens qui ne
sont ni citoyens ni Latins. — C'est une question distincte de savoir
si, du moins depuis une certaine époque, les pérégrins n'ont pas
été admis à plaider à Rome dans cette forme ; la loi Acilia de 631
ou 632 qui représente les poursuites *repetundarum* comme pou-

vant être, en vertu des lois Calpurnia et Junia, intentées par *sacramentum* devant le préteur pérégrin, est l'argument le plus solide en faveur de l'affirmative. — La même loi contient peut-être le texte qui établit le mieux l'emploi de l'*arbitrium liti æstimandæ* pour déterminer, le cas échéant, le montant des dommages-intérêts dus par celui dont le *sacramentum* a été déclaré *injustum*. — M. de Jhering a, comme on sait, relevé avec une grande vigueur l'emploi fait par l'ancien droit d'actions en restitution, seules possibles avant l'introduction de la procédure formulaire dans des hypothèses où le droit nouveau donna des exceptions pour dispenser d'exécuter. Il n'y a pas de preuve plus topique de la vérité de ce système que celle fournie précisément pour l'hypothèse dont s'est le plus occupé M. de Jhering, pour l'hypothèse de la loi Plætoria, par la loi Julia municipalis ; car, suivant une juste observation faite pour la première fois par M. Karlowa, la loi Julia mentionne expressément l'une à côté de l'autre une action publique et une action privée de la loi Plætoria, où le droit plus récent parlerait d'une action publique et d'une exception. — Les enseignements fournis depuis 1874 par le chapitre 61 de la loi de la colonie Genetiva, que je citais il y a un moment au sujet du fonctionnement de la *legis actio* dans les colonies de citoyens, sont encore plus précieux. Ce texte, qui organise en 710 une procédure de *manus injectio judicati*, qui nous met sous les yeux à la dernière phase de son évolution cette même procédure d'exécution sur laquelle Aulu-Gelle nous a conservé les termes des XII Tables, est un document d'une valeur incomparable, qu'il faudrait pour ainsi dire étudier mot par mot en le rapprochant minutieusement du modèle dont il nous conserve une version plus jeune de quatre siècles. Pour ne relever que ce qu'il est seul à nous apprendre, il prouve que la *manus injectio judicati* existait encore en 710, qu'elle n'a donc pas été supprimée par la loi Æbutia, qu'elle n'a donc pu l'être que par l'une des lois Juliæ et que par conséquent l'une au moins de ces lois est postérieure à la mort de César, est une loi d'Auguste. Il prouve ensuite que les dispositions relatives à la capacité du *vindex* qu'on a coutume de rapporter dans les XII Tables au *vindex* de l'*in jus vocatio*, se rapportent tout au moins en même temps à celui de la *manus injectio*. Il prouve encore peut-être que l'*addictio* du débiteur au créancier par le magistrat, que l'on croyait antérieurement assez volontiers avoir été introduite depuis les XII Tables, existait dès avant cette loi ; car, selon l'observation de M. Wach, l'argument tiré du silence de cette loi disparaît maintenant que l'on constate le même silence dans notre chapitre écrit à une époque où l'existence de l'*addictio* n'est pas douteuse. Il prouve enfin directement, au moins dans une interprétation qui nous semble indubitable, la condamnation au double du *vindex* intervenu à tort, en faveur de laquelle on ne pouvait antérieurement invoquer que des vraisemblances au reste sérieuses.

Très approximativement à la date où la loi de Genetiva nous atteste la survivance de la procédure des actions de la loi, la loi Rubria nous fournit un tableau de la procédure nouvelle qui vient s'y juxtaposer en attendant l'heure de la supplanter presque entièrement. La loi Rubria n'est assurément pas le plus ancien monument daté où apparaissent les vestiges de la procédure formulaire. La loi agraire de 643 en contient des traces indéniables soit dans l'allusion qu'elle fait à la *venditio bonorum*, à l'*emptor*, au *magister*, au *curator*, soit dans sa mention des actions fictices de la *pignoris capio*, soit encore, sauf explications, dans la liste des exceptions déjà signalée par M. Mommsen à l'attention des jurisconsultes dans le tome I du *Corpus* et tout récemment étudiée par M. Eisele dans ses *Études de procédure*. Il y en a aussi dans la loi Julia de 709, antérieure à la loi Rubria de quelques années si l'on admet pour cette dernière la date de 712, postérieure de quelques années si l'on admet celle de 705. Mais, entre toutes les lois antérieures ou postérieures, la loi Rubria reste le texte législatif dans lequel la procédure *per formulas* se manifeste de la manière la plus intéressante et la plus explicite. Je ne parle pas surtout du chapitre 20 relatif à la matière du *damnum infectum* et duquel les formules fort précieuses ont été depuis longtemps étudiées par le vieux maître Huschke, ni des débris du chapitre 19 et du chapitre 23. Je parle avant tout des chapitres 21 et 22 relatifs à la *confessio*. Ils sont, pour les commencements de la procédure formulaire, avec une tout autre abondance d'expressions et de développements, ce qu'est le chapitre 61 de la loi de Genetiva pour la fin de la procédure des actions de la loi : un document authentique et daté dans lequel on peut saisir, à un moment précis de l'histoire, la physionomie d'une institution dont les ouvrages théoriques nous indiquent tout au plus l'évolution d'ensemble. M. Demelius a étudié, avec infiniment de méthode et de pénétration, les règles absolument différentes de celles du temps des actions de la loi et du temps de Justinien, qui y sont posées relativement à la *confessio*. Mais il reste encore d'autres points sur lesquels une étude menée avec suffisamment de soin et de patience pourrait être fructueuse. Je citerai par exemple l'énumération des diverses actions incertaines sur lesquelles peut intervenir une *confessio*, qui nous donne en réalité un sommaire de toutes les formules d'actions incertaines considérées comme possibles à l'époque de la rédaction de la loi. Le passage de la loi n'a encore, à ma connaissance, été commenté un peu sérieusement que par M. Demelius, pour le sujet duquel il n'était qu'un détail, et l'on pourrait, je crois, arriver à en donner une explication plus logique et plus documentée.

La procédure extraordinaire ne s'étant introduite que progressivement par une élimination croissante de la procédure légale. nous avons relativement à elle des titres bien antérieurs à la constitution de Dioclétien qu'on se laisse aller parfois à présenter comme ayant introduit cette procédure et qui a tout au plus été la reconnaissance officielle de son introduction déjà accomplie. On peut citer, au sens large, tous les actes dans lesquels on voit un magistrat statuer en dehors de l'ordre régulier caractérisé par la division de l'instance entre deux pouvoirs ; par exemple toutes les décisions rendues dans des questions de limites, depuis la sentence des Minucii de 637, sur le conflit de la ville de Gênes et des localitées attribuées mises dans sa dépendance, jusqu'aux constitutions de Claude, de Vespasien, de Domitien, relatives à des contestations de même nature ; — je signale spécialement, à cause de la répugnance instructive dont il témoigne encore au II° siècle de l'ère chrétienne, en province et en matière extraordinaire, pour l'exécution forcée *in ipsam rem*, le décret du proconsul L. Helvius Agrippa découvert en Sardaigne en 1866. On peut citer, en un sens plus strict, l'inscription déjà mentionnée dans laquelle trois préfets des vigiles, parmi lesquels le jurisconsulte Modestin, sont appelés à statuer sur une redevance réclamée à une association des foulons ; l'inscription actuellement conservée seulement par de copies dans laquelle un sous-préfet de la flotte de Misène se prononce sur la validité d'une vente immobilière attaquée comme portant sur un lieu de sépulture. De l'époque où la procédure extraordinaire est devenue le droit commun, nous n'avons guère qu'un titre, et il peut sembler bien misérable. C'est un édit d'un gouverneur de Numidie du temps de Julien, réglant l'ordre de réception de ceux qui se présenteront à ses audiences et le montant des émoluments que pourront réclamer les gens de justice attachés à son tribunal. Dix lignes mutilées et obscures énumérant hiérarchiquement les voyageurs de distinction et les fonctionnaires qui seront admis aux levers de ce potentat. Une trentaine d'autres lignes sur les épices qui pourront être exigées des plaideurs, sur le nombre de rôles qu'on pourra taxer pour telle catégorie d'incident, pour telle sorte de jugement. C'est tout. Et cependant la découverte de cette pierre en 1882 a versé dans la science toute une série d'éléments nouveaux. Elle a montré, employés dans un temps où l'on n'en soupçonnait pas l'existence, des termes techniques qu'on croyait bien plus récents, absents du personnel judiciaire des agents qu'on se serait attendu à trouver à sa tête, occupés en matière civile d'autres agents qu'on croyait réservés aux matières pénales. Elle a surtout établi deux faits d'une importance capitale pour la chronologie des institutions judiciaires. Elle atteste l'usage des épices, la suppression pratique de la gratuité de la justice à une époque antérieure de plus de cent ans à la seconde moitié du ve siècle à laquelle on fixait précédemment cette innovation. Elle révèle en outre, dans la procédure de dénonciation à laquelle se rapporte son tarif, un développement des formes écrites sensiblement plus précoce et plus considérable que n'admettait l'opinion dominante pour les temps immédiatement postérieurs à Dioclétien et à Constantin. Deux points fondamentaux sur lesquels on pourra consulter : pour le premier, le commentaire qui a été donné de l'inscription par M. Mommsen; pour le second, celui qui en a été donné par M. Pernice.

Je termine par cet exemple topique une énumération qui eût pu sans grand'peine être rendue beaucoup plus longue. Les personnes compétentes qui s'y étonneraient de certaines lacunes, de certaines ellipses, voudront bien n'en pas oublier le but. Ma prétention n'a point été de dresser ici une table complète et raisonnée des inscriptions relatives au droit civil et des travaux dont elles ont fait l'objet : c'eût été, semble-t-il, sortir du cadre d'une Revue consacrée à l'étude des méthodes et des instruments d'enseignement plutôt qu'à l'enseignement même. J'ai voulu simplement montrer la possibilité de construire un pareil répertoire, établir surtout l'importance des documents qui y seraient dépouillés. Pour cela, ce que j'ai dit suffit. Quelques-uns trouveront même sans doute que c'est trop, que le sujet eût gagné à être dominé de plus haut, à être traité par larges vues d'ensemble au lieu d'être aussi patiemment suivi dans ses détails; que, dégagée des menus faits et des indications techniques qui la surchargent, l'exposition en fût devenue plus abordable, peut-être même moins ennuyeuse. Le malheur est qu'alors elle n'eût plus été du tout probante. J'ai voulu prouver. On m'excusera si je n'ai point diverti.

PARIS

TYPOGRAPHIE GEORGES CHAMEROT

19, RUE DES SAINTS-PÈRES, 19

9 782019 263157